CONVITE À REFLEXÃO

FUNDAMENTOS DA
TEORIA POLÍTICA DE
ROUSSEAU

Fundamentos da TEORIA POLÍTICA de ROUSSEAU

Rolf Kuntz

discurso editorial

FUNDAMENTOS DA TEORIA POLÍTICA DE ROSSEAU
© Almedina, 2019
Publicado em coedição com a Discurso Editorial
AUTOR: Rolf Kuntz
COORDENAÇÃO EDITORIAL: Milton Meira do Nascimento
EDITOR DE AQUISIÇÃO: Marco Pace
PROJETO GRÁFICO: Marcelo Girard
REVISÃO: Roberto Alves
DIAGRAMAÇÃO: IMG3
ISBN: 9788562938115

Dados Internacionais de Catalogação na Publicação (CIP)
(Câmara Brasileira do Livro, SP, Brasil)

Kuntz, Rolf
Fundamentos da teoria política de Rosseau /
Rolf Kuntz. -- São Paulo : Almedina, 2019.
Bibliografia.
ISBN 978-85-62938-11-5
1. Ciência política - França - História -
Século 18 2. Rousseau, Jean-Jacques, 1712-1778 -
Ponto de vista político e social I. Título.

19-27640   CDD-320.11

Índices para catálogo sistemático:

Rousseau : Teoria política 320.11

Cibele Maria Dias - Bibliotecária - CRB-8/9427

Este livro segue as regras do novo Acordo Ortográfico da Língua Portuguesa (1990).

Todos os direitos reservados. Nenhuma parte deste livro, protegido por copyright, pode ser reproduzida, armazenada ou transmitida de alguma forma ou por algum meio, seja eletrônico ou mecânico, inclusive fotocópia, gravação ou qualquer sistema de armazenagem de informações, sem a permissão expressa e por escrito da editora.

Agosto, 2019

EDITORA: Almedina Brasil
Rua José Maria Lisboa, 860, Conj.131 e 132
Jardim Paulista l 01423-001 São Paulo l Brasil
editora@almedina.com.br
www.almedina.com.br

Nota do Editor

As referências aos textos de Rousseau foram padronizadas segundo a edição das *Œuvres complètes de Jean-Jacques Rousseau* (Paris, Gallimard, Bibliothèque de la Pléiade, 1959–1995, 5 tomos). As edições consultadas originalmente pelo autor constam na bibliografia.

Sumário

Apresentação A ciência política de Rousseau   11

1 Uma questão de data   21
    A razão e a consciência   33
    Categorias fundamentais: ordem e totalidade   48
    A crítica da ideologia   69

2 Uma questão de método   83
    História, necessidade e paixão   86
    A importância do imaginário   103

3 Uma questão de ordem   111
    A força da opinião   114
    A força da lei   124

Referências bibliográficas   133

Apresentação

A ciência política de Rousseau

A TEORIA POLÍTICA DE ROUSSEAU é teoria no sentido forte. Não se confunde com um discurso doutrinário, nem como uma pregação apaixonada, nem com uma proposta de reforma para regeneração do poder. Sua obra inclui pregação, doutrina e projetos de reforma institucional, mas sua importância para a formação do pensamento político moderno seria muito menor sem o trabalho teórico. A linguagem rousseauniana pode ser enganadora. A retórica seduz o leitor e desvia sua atenção, com frequência, de aspectos essenciais da obra: a preocupação com o rigor, o recurso à experiência, o esforço para decifrar a formação e o funcionamento das sociedades e, de modo especial, a reflexão sobre o poder político e as condições de seu exercício. O *Discurso sobre a desigualdade*, o *Ensaio sobre a origem das línguas* e os muitos fragmentos sobre o estado de natureza e o estado de guerra são concebidos como trabalhos – por que não usar a palavra? – científicos. A intenção do autor é revelada não só nos textos principais, mas também, e de modo especial, nas notas. Nestas aparecem as referências aos grandes autores contemporâneos e do passado, os modelos de investigação valorizados por Jean-Jacques, bem como informações históricas e etnográficas. Citações dos trabalhos de naturalistas surgem na primeira nota do *Discurso sobre a desigualdade*. É preciso levá-las em conta para entender a ambição do autor – indicada, de fato, logo no começo desse escrito. O projeto da obra passa longe de uma dissertação moralista sobre a desigualdade. A pretensão declarada é resolver um problema passível de tratamento teórico e isso remete a um primeiro desafio. Como proceder, quando é impossível o recurso a uma experimentação semelhante à das ciências da natureza?

Este trabalho é um exame de como Rousseau procura responder a essa questão. É, portanto, uma tentativa de mostrar como se constrói a sua teoria. A construção rousseauniana envolve tanto a coleta de um grande volume de informações quanto um esforço de elaboração conceitual a partir dos dados analisados. As informações provêm da história, da etnografia e da observação da experiência europeia recente. Não basta olhar ao redor. Também é preciso, adverte o autor do *Ensaio sobre a origem das línguas*, lançar o olhar ao longe. Isso indica o procedimento seguido também no exame da questão da desigualdade. Como não pode realizar experimentos controlados, submetendo os objetos de estudo a condições variáveis, o pesquisador busca a variedade de situações na experiência dos séculos e nos fatos observados em terras longínquas por exploradores, colonizadores e evangelizadores. Em meados do século 18, os estudiosos europeus já dispõem de um grande volume de material proporcionado por esses pioneiros da etnografia. Locke já havia usado esse tipo de informação no século anterior. Seus comentários sobre formas de associação pré-políticas e sobre sociedades políticas em estágios iniciais são baseados em relatos de autores como José Acosta. A obra de Jean de Léry a respeito do Brasil foi catalogada no levantamento de sua biblioteca. Além disso, Locke recorreu amplamente à história, incluindo nessa categoria a narrativa bíblica, como no capítulo 8 do *Segundo tratado sobre o governo civil*.

A combinação de história e de material etnográfico é usada amplamente por vários autores do Iluminismo. A *História da sociedade civil*, de Adam Ferguson, é um bom exemplo de como se converte esse tipo de informação em matéria-prima da reflexão sobre o social. Essa matéria-prima é um ingrediente essencial para a formulação das teorias sobre os estágios do desenvolvimento e, portanto, para a elaboração das ideias políticas, econômicas e jurídicas do século 18.

O estudo comparativo é especialmente fecundo para o pensamento fisiocrático. As teses principais de Quesnay sobre as condições do progresso econômico dependem do confronto entre as condições da exploração agrícola em diferentes regiões da França e na Inglaterra. Desse confronto ele extrai conclusões sobre a importância de fatores institucionais – como a maior ou menor liberdade de comércio e as bases da tributação – e também sobre o efeito das diferentes formas de capitalização da atividade rural. Os verbetes da *Encyclopédie* "*Fermiers*" (Arrendatários) e "*Grains*" (Cereais) são belos exemplos de como se elabora uma teoria do desenvolvimento econômico – e, como contrapartida, do subdesenvolvimento – a partir do exame comparativo de cenários concretos.

A experiência é tão importante para a reflexão rousseuniana quanto para a elaboração teórica de Adam Smith, François Quesnay, Adam Ferguson ou David Hume. Sob esse aspecto, Rousseau é uma figura típica de seu tempo e sua crítica moral e ideológica da civilização do Iluminismo não invalida essa afirmação. Sua rejeição do mundo a seu redor não corresponde a uma rejeição dos padrões aceitos de racionalidade, nem dos procedimentos da ciência contemporânea. Mesmo quando sua preocupação se desvia para o campo do direito político, assunto do *Contrato social*, a atenção à experiência e a preocupação analítica permanecem. Não há como entender, por exemplo, a figura e a função do Legislador sem

APRESENTAÇÃO

levar em conta as diferenças históricas dos vários povos e, portanto, as condições concretas de instituição da ordem proposta. A exposição das teses percorre claramente, no *Contrato*, diferentes níveis de abstração, desde o mais alto, na descrição geral do pacto criador da sociedade política, até o exame das condições de manifestação da vontade geral e de operação dos governos em situações concretas. A preocupação com a experiência na obra teórica tem como contrapartida o compromisso com o realismo. Esse compromisso aparece na reflexão sobre o direito político e na formulação de propostas de reforma – nas *Considerações sobre o governo da Polônia* e no *Projeto de constituição para a Córsega*, especialmente. É preciso levar a sério a promessa, apresentada no começo do *Contrato*, de tentar a conciliação entre o direito e o interesse.

O exame da construção teórica tornou-se dominante aos poucos, enquanto avançava o esforço de interpretação dos textos. Cada nova peça do quebra-cabeça reforçava a imagem de um Rousseau empenhado em decifrar o social por meio de procedimentos análogos, quando não iguais, àqueles aplicados com êxito aparente nas ciências da natureza. A opção por esse tema foi provavelmente estimulada pelo contato com os textos de Derathé sobre a racionalidade rousseauniana e sobre as relações de Rousseau com a ciência política de seu tempo. A leitura do trabalho de Durkheim sobre

Montesquieu e Rousseau como precursores da sociologia foi também um estímulo. Com isso, o projeto original foi posto de lado.

A intenção inicial era produzir um estudo sobre a ideia de violência no pensamento político de Rousseau. O assunto seria examinado em várias etapas. Na primeira haveria um confronto com a teoria hobbesiana do estado de natureza como estado de guerra. A crítica rousseuniana envolve uma reelaboração do conceito de homem natural. No estado de natureza, o homem é descrito como desprovido de todas as qualidades atribuíveis à experiência histórica. Na origem, a racionalidade é um atributo apenas potencial. A sobrevivência, num cenário concebido como o mais propício, na condição limite de simplicidade, depende apenas de algum esforço físico repetitivo. A existência do homem, nessa fase, é circular. Seus projetos não ultrapassam a extensão de um dia, ou de algumas horas. Sem carências maiores que as de um animal, sem noção de um futuro diferente da experiência repetida no dia a dia, e, portanto, sem ambições, esse homem dificilmente se envolverá em conflitos pela posse permanente de qualquer bem. Poderá combater, ocasionalmente, pela disputa de um objeto ou por se ver ameaçado, mas o conflito será um evento de curta duração. Nesse mundo, não pode haver estado de guerra, se por essa expressão se entender uma condição permanente de rivalidade e de conflito potencial, mais que de combate presente.

APRESENTAÇÃO

A noção rousseuniana de estado de guerra é exatamente a mesma de Hobbes. A diferença entre os dois autores está em outro ponto. Para Rousseau, aquela noção é inaplicável à descrição do estado natural do homem, porque não há, nessa condição, uma função para a guerra.

O conflito duradouro, alimentado pela ambição, pela rivalidade e pela desconfiança, pode surgir somente depois de uma longa experiência transformadora. Essa experiência inclui o desenvolvimento da linguagem, a invenção de técnicas para múltiplas finalidades e a formação de relações sociais crescentemente complexas, determinadas em grande parte pelos desafios de adaptação ao meio natural. A divisão dos interesses, a opacidade crescente das relações e a multiplicação dos objetos de rivalidade estabelecem, pouco a pouco, as condições para um tipo de conflito desconhecido nas primeiras etapas da evolução humana. Só um longo aprendizado leva a uma situação semelhante ao estado de guerra hobbesiano. O significado da violência é amplamente alterado entre a primeira e esta segunda etapa da experiência.

O terceiro momento, na sequência descrita no *Discurso sobre a desigualdade*, é a solução temporária do conflito por meio da criação da sociedade civil. A solução é atribuída à astúcia superior de uma das partes envolvidas na guerra, a dos proprietários. O acordo em torno da fórmula pacificadora consagra um novo tipo de violência, exercido por meio da linguagem. O inimigo é derrotado não pela força física, mas pela conquista de sua vontade. Esse acordo consagra a diferença econômica e abre caminho para novos tipos de desigualdade, protegidos pela violência legal exercida pelo Estado. No *Discurso*, o uso da força pela autoridade sustenta uma ordem social cada vez mais injusta. No limite, essa ordem é substituída por um segundo estado de natureza, marcado por uma nova explosão de brutalidade. No *Contrato*, a repressão exercida pela autoridade é mais que uma forma de defesa do corpo político. Exercida para imposição da lei, isto é, de uma determinação da vontade geral, é também um ato de promoção da liberdade. A expressão "*on le forcera d'être libre*", usada para descrever o uso da força contra quem sobrepõe o interesse particular e imediato ao interesse comum e de longo prazo, é um paradoxo apenas aparente. A teoria da vontade geral dá um novo sentido e uma nova expressão ao velho tema da sujeição à lei como condição de liberdade.

Um exame completo da noção de violência deveria envolver uma discussão das relações internacionais no pensamento de Rousseau. Sua análise da proposta de paz perpétua de Saint-Pierre seria apenas uma das leituras obrigatórias, mas esse tópico não foi incluído no projeto original. Alguma atenção seria dada a esse tema num texto escrito muito mais tarde.

APRESENTAÇÃO

Só o segundo capítulo da dissertação sobre os *Fundamentos da teoria política de Rousseau* havia sido publicado até agora. Saiu na revista *Discurso*, editada pelo Departamento de Filosofia da USP. Nada de anormal nesse fato. O costume dominante no Departamento sempre foi produzir muito mais do que publicar. Trabalhos muito mais importantes que esse ficaram sem publicação durante décadas e alguns foram conhecidos apenas em um ambiente acadêmico muito restrito. Só muito recentemente – para citar um exemplo notável – a tese de Oswaldo Porchat sobre a noção de ciência em Aristóteles foi convertida em produto editorial. Todo estudioso do pensamento aristotélico teria sido imensamente beneficiado se tivesse tido acesso a esse livro há mais tempo.

Se esta dissertação servir como porta de acesso ao pensamento político de Rousseau e, talvez, como aproximação de alguns problemas de teoria, sua publicação terá sido justificada. O texto é, quase integralmente, aquele apresentado há cerca de quarenta anos. Uma tentativa séria de revisão levaria, quase certamente, a uma reelaboração completa e a um acréscimo de várias páginas. Mantida a forma original, este trabalho permanece como um ensaio conciso e de extensão razoável, uma leitura, enfim, pouco trabalhosa para quem se dispuser a enfrentá-la. Thomaz Kawauche, um especialista em Rousseau, fez uma competente revisão do texto e atualizou citações.

Esse trabalho foi auxiliado por dois orientadores. O primeiro, Bento Prado Jr., era um estudioso de Rousseau e um guia natural para quem se aventurasse nessa área. Dois alunos buscaram sua ajuda quando se decidiram a ingressar na pós-graduação. Os belos estudos de Luiz Roberto Salinas Fortes foram o melhor produto desse esforço, naquela fase. Bento foi aposentado compulsoriamente pelo governo militar. Seus orientados puderam continuar o trabalho graças à generosa disposição de Maria Sylvia de Carvalho Franco, transferida do Departamento de Ciências Sociais para o de Filosofia. Sua atuação, naquela circunstância, foi essencial para a sobrevivência dos valores acadêmicos e do estilo de trabalho do Departamento. Se alguém quisesse liquidar essa dívida, não teria como fazê-lo.

São Paulo, março de 2012

1 Uma questão de data

Uma gravura anônima, conservada em Genebra, representa "Minerva protegendo Jean-Jacques e Voltaire contra o fanatismo". Certa tradição, seguida nos manuais de História, acostumou-nos a vê-los, lado a lado, como inspiradores da Revolução Francesa e como companheiros de uma aventura intelectual, conhecida como Iluminismo. Uma tradição paralela apresenta-nos um Rousseau mais próximo do romantismo literário – sentimental, desconfiado das ciências e da razão, descrente dos valores intelectuais mais importantes do Humanismo. Há um Rousseau da Idade das Luzes, comprometido com a *Enciclopédia*; há um Rousseau "educador de nossa sensibilidade", em quase tudo o oposto ao primeiro.

Num breve balanço das diferentes e contraditórias leituras da obra rousseauniana, J. Rivelaygue recorda que nem mesmo o caráter "teórico" de seu pensamento foi sempre reconhecido.[1] No século 19,

---

1 RIVELAYGUE, J. *Rousseau*. Paris: Marcel Didier, 1970, p. 7 e 8.

a maioria dos críticos franceses tende a reduzir a obra rousseauniana à simples dimensão literária, à pura expressão de uma subjetividade que manifesta as suas emoções diante do mundo e de suas desventuras. Do ponto de vista da exploração do pensamento de Rousseau, como "teoria", o século anterior fora mais fecundo, entre os franceses.

> Desde o século 18 – lembra Rivelaygue – os críticos católicos nela (na obra) veem uma máquina de guerra racionalista, enquanto os discípulos, como Bernardin de Saint-Pierre, exaltam a sua sentimentalidade e a moral natural. Dos oradores da Revolução Francesa a Mme. De Staël, Rousseau serve de caução a todas as contradições da época, dilacerado entre a afetividade da "alma sensível" e a liberdade racional do *Contrato*. Invocado pelos primeiros como teórico da igualdade, ele se torna, para a segunda, o restaurador do cristianismo, o cantor de uma religião sentimental, o precursor de Chateaubriand. Ao menos o têm como um pensador.

Na Alemanha, o destino de Rousseau, como filósofo, foi mais favorável. Se foi David Hume quem despertou Kant de seu sono dogmático, foi Rousseau quem lhe revelou uma nova visão do mundo moral, fazendo-o abandonar o desprezo do "povo, que tudo ignora", para aprender a "honrar os homens". Com

Fichte e Hegel, a Alemanha do século 19 continua a homenagear em Rousseau um filósofo, enquanto é principalmente o literato que se cultua na França.

Mas é especialmente no século 20 que surgem as grandes tentativas de interpretação sistemática de sua obra, seja na busca de seu rigor conceitual interno, seja na procura da gênese existencial de suas ideias, supostamente reveladas nos textos autobiográficos e naqueles que mais propriamente poderiam ser chamados literários. Não entraremos, aqui, na longa discussão de qual a importância real dessa *gênese*, para uma compreensão adequada da obra rousseauniana, limitando-nos a remeter o leitor a alguns textos em que esse tipo de interpretação é habilmente desenvolvido – como nas obras de Jean Starobinski, Pierre Burgelin e Albert Schinz. Os textos autobiográficos nos interessarão apenas na medida em que constituirem testemunhos sobre o significado da obra teórica, e não nos preocuparemos, pois, com a exploração das possíveis relações extrateóricas. A melhor argumentação que podemos apresentar em favor desse ponto de vista é todo o presente trabalho, cujo objetivo é precisamente mostrar as articulações dos vários níveis do discurso rousseauniano – a sua profissão de fé, a sua ontologia da ordem, a sua reflexão sobre a sociedade e as propostas contidas no *Contrato social*. Se discordamos, em outros pontos, da leitura proposta por Ernst Cassirer, neste estamos de inteiro acordo: se verdadeira a opinião de Fichte ("o tipo de filosofia de um homem depende do tipo de homem que ele é"), não haveria como entender a influência de Rousseau sobre Kant, tão diversas eram as suas personalidades, as suas experiências e os seus mundos.[2]

* * *

Se existe uma dificuldade fundamental para a interpretação de Rousseau – e grande parte da oposição entre os leitores pode reduzir-se a isto –, ela consiste em determinar-lhe a posição precisa em relação à história das ideias. Precursor do romantismo, discípulo de Pascal, fundador da antropologia, pai do totalitarismo, filósofo liberal, racionalista e antirracionalista – quase tudo se tem dito de Rousseau. Acima de tudo, têm permanecido obscuras as suas ligações com o pensamento de seu tempo. Poderíamos iniciar por esta questão nossa tentativa de situar Rousseau no tempo filosófico.

Kant definiu em apenas um parágrafo a atitude essencial dos iluministas.

> Que são as Luzes? A saída do homem de sua minoridade, da qual ele mesmo é responsável. Minoridade, isto é, incapacidade de servir-se de

---

2 CASSIRER, E. *Rousseau, Kant, Goethe*. Princeton: Princeton University Press, 1947, p. 2 ss.

seu entendimento sem a direção de outrem, necessidade pela qual ele mesmo é responsável, pois sua causa reside não numa falha do entendimento, mas numa falta de decisão e de coragem de servir-se dele sem a direção alheia. *Sapere aude!* Tem a coragem de servir-te de teu entendimento. Eis a divisa das Luzes.[3]

Se esta atitude básica se manifestou em todos os setores da reflexão, num deles aquela divisa parece haver sido seguida de modo extraordinariamente acentuado. A "ideia tradicional", como observa Cassirer, nos diz que, quando tentamos uma caracterização geral da Ilustração, "nada parece mais seguro que considerar a atitude crítica e cética diante da religião como uma de suas determinações essenciais"[4]. Cassirer discorda desta ideia, mostrando que não foi simplesmente o ceticismo, mas uma disputa sobre "o tipo de certeza religiosa", sobre "o modo, o sentido, a função da fé enquanto tal", que efetivamente caracterizou esse período quanto ao modo de encarar a religião. Sob este aspecto, Rousseau é um homem de seu tempo. E é nos seus escritos religiosos que encontramos, de modo mais explícito e mais claro, aquilo que chamamos *racionalismo* rousseauniano. Neste

---

[3] KANT, I. *La Philosophie de l'histoire*. Paris: Gonthier, 1967, p. 46.
[4] CASSIRER, E. *Filosofía de la Ilustración*. México: Fondo de Cultura Económica, 1950, p. 155.

ponto, curiosamente, os clérigos do século 18, que se dispuseram a refutar a *Profissão de fé*, parecem haver sido intérpretes mais penetrantes que todos aqueles leitores que viram em Rousseau uma fonte de sentimentalismo e de filosofia antirracionalista. É o que mostra Robert Derathé, ao resumir as refutações católicas dirigidas ao *Emílio*, apresentando-as como contraprova da tese sustentada em *Le Rationalisme de J.-J. Rousseau*. Entre os padres François, Bergier, dom Déforis e todos os demais que viram no *Emílio* uma arma da razão contra a revelação, e, de outro lado, P.-M. Masson, para quem a *Profissão de fé* constitui um "manifesto sentimental", Derathé, corretamente, prefere os primeiros, como mais próximos da verdade.

> Foi a segunda parte da *Profissão de fé* – observa Derathé – que levantou a opinião católica contra Rousseau e lhe atraiu a reprovação quase unânime dos meios eclesiásticos e as perseguições que conhecemos. Censurou-se a Rousseau, certamente, haver feito de seu Vigário um "protestante disfarçado" de padre católico, mas não se lhe pode perdoar haver inserido, na *Profissão de fé*, a crítica mais vigorosa e completa que jamais foi feita da ideia de revelação.[5]

---

5 DERATHÉ, R. *Le Rationalisme de J.-J. Rousseau*. Paris: PUF, 1948, p. 140.

UMA QUESTÃO DE DATA

Se os doutores e apologetas católicos estavam certos – e estavam –, então a ousadia de Rousseau foi haver estendido à crença religiosa as mesmas exigências de clareza e de evidência que podem apresentar-se ao saber profano.

Em relação aos dogmas – diz o Vigário – minha razão me diz que devem ser claros, luminosos, chocantes por sua evidência. Se a religião natural é insuficiente, é pela obscuridade que deixa nas grandes verdades que nos ensina. Cabe à revelação ensinar-nos estas verdades de modo sensível ao espírito dos homens, de modo a colocá-las à sua altura, a *fazê-los concebê-las para que creiam nelas*. A fé se assegura e se afirma pelo entendimento; a melhor de todas as religiões é infalivelmente a mais clara; quem carrega de mistérios e de contradições o culto que me prega ensina-me, por isso mesmo, a desconfiar dele. O Deus que eu adoro não é um Deus de trevas, e não me deu um entendimento para proibir-me o seu uso: dizer-me que submeta minha razão é ultrajar seu autor. O ministro da verdade não tiraniza minha razão – ele a esclarece.[6]

As páginas seguintes da *Profissão de fé* são dedicadas a um diálogo imaginário entre o "inspirado" e

---

6 O.C. IV, *Émile*, IV, p. 614.

o homem que raciocina. Com esse diálogo, Rousseau procura ilustrar sua convicção sobre a dificuldade de convencer um homem de algo não razoável, quando se deixa de utilizar o recurso à autoridade. Trata-se de contrapor Deus, que é a fonte da verdade e da razão, à autoridade que pretende, contra a razão por ele iluminada, falar em seu nome. "A razão – diz o inspirado – vos ensina que o todo é maior que sua parte; mas eu vos ensino, da parte de Deus, que é a parte que é maior que o todo." Responde o homem de razão: "E quem sois, para ousar dizer-me que Deus se contradiz? E em quem acreditarei de preferência – nele, que me ensina, pela razão, verdades eternas, ou em vós, que me anunciais um absurdo de sua parte?"[7]

Quase vinte anos antes de Robert Derathé, Albert Schinz havia indicado o caráter racional da religião rousseauniana. Não obstante, se este intérprete ali encontra esse caráter "racional e pragmático", não o faz para afirmar sua exclusividade, mas para assinalar a existência de duas religiões em Rousseau, – uma do sentimento, outra da razão, cada qual justificada por uma ordem de motivos. Diz o autor:

> Não tentaremos, certamente, refutar os srs. Masson e Giraud, negando a presença, na *Profissão de fé* – e também nos *Devaneios*, na

---
[7] O.C. IV, *Émile*, IV, p. 614.

correspondência e em outros lugares – dos elementos de uma religião sentimental. Existem muito nitidamente duas fontes de inspiração religiosa em Rousseau, ou de religiosidade, como se diz: ao lado da fonte filosófica como a definimos, isto é, ao lado desta religião de que Rousseau precisa para conduzir a bom termo seu objetivo moral (forçar o homem à virtude para realizar a felicidade terrestre), e que ele estabelece à força de dialética, há esta fonte sentimental, que Masson e Giraud tanto valorizam.[8]

Se, para Albert Schinz, é mais ou menos fácil mostrar o papel da religião "racional e pragmática", resta-lhe apontar as razões e condições de existência da outra, que introduziria no sistema, uma sorte de confusão e de duplicidade. Sua explicação se processa em três etapas, e seu objetivo é apontar o papel desempenhado pela "consciência moral". A primeira fase da explicação supõe, simplesmente, que Rousseau fale dessa consciência, alternadamente, como uma faculdade que utiliza os dados da razão ou que dita suas escolhas imediatamente, na qualidade de "melhor dos casuístas". A segunda fase mostra a valorização da consciência moral como uma espécie de reforço pedagógico (senão mesmo retórico), um

---

[8] SCHINZ, A. *La Pensée de J.-J. Rousseau*. Paris: Félix Alcan, 1929, p. 486.

instrumento capaz de encorajar os homens à prática da outra religião, a da razão pragmática.

Diríamos mais: se Rousseau tivesse visto distintamente os dois tipos de religião, a pragmática e a sentimental, e lhe fosse perguntado qual seria a mais eficaz para induzir os homens ao que ele chama de "virtude", ele se inclinaria, talvez, em favor da sentimental.[9]

Ora, para Albert Schinz, esta confusão existia, realmente, no espírito de Rousseau, como se a sua elaboração filosófica, de tempos em tempos, sofresse interferências de suas inclinações religiosas de outros tempos. Para o intérprete, a "exaltação mística" da consciência moral estava de acordo com os impulsos profundos de Rousseau, impulsos de um poeta que se absorvia "nas sublimidades da contemplação dos mistérios da natureza e da vida".

A solução apontada por Albert Schinz é mais cômoda que satisfatória. O que ele chama de religião sentimental, afinal de contas, é o conjunto de referências a uma certa faculdade chamada consciência moral e ao sentimento interno, sem procurar determinar o sentido preciso destes dois termos nem a relação que os objetos por eles designados podem manter com a razão. Se existem nos textos rousseaunianos algumas

---

9 Id., ibid., p. 494.

"*coquetteries*", para usar a expressão de Rivelaygue, a exaltação da consciência e do sentimento interior não se inclui, de modo algum, entre elas. Quanto a isto, a interpretação de Robert Derathé, afirmando a consistência do sistema e indicando o papel de cada uma das faculdades, é muito mais satisfatória, eliminando a "religião paralela" e integrando todos os elementos da *Profissão de fé* num mesmo conjunto em que se afirma o racionalismo rousseauniano. De resto, a argumentação de Albert Schinz, já na segunda fase, ignora um contra-argumento importante, contido na própria ordenação do *Emílio*. Se a valorização da consciência e do sentimento fosse, efetivamente, um meio de conduzir os homens à religião racional, então não haveria bom motivo para retardar a educação religiosa de Emílio até a "idade da razão e das paixões". É preciso não esquecer que a educação da sensibilidade, em fase anterior, tem outro sentido: trata-se de aguçar a capacidade de observação para preparar o bom uso do julgamento, e não de induzir, por meios irracionais, a uma crença que a razão não pode alcançar.

A razão e a consciência

A concepção rousseauniana da função das faculdades parece aproximá-lo ora de Descartes, ora de Kant, ora, como observa Derathé, de Malebranche.

O *Emílio*, ordenado segundo uma espécie de escala dos "gêneros do conhecimento", pode inscrever-se na tradição do século 17, assim como a valorização das ideias claras e distintas. Não obstante, o relacionamento entre os tipos de conhecimento e entre as faculdades encontra em Rousseau uma solução original, que rejeita a oposição entre razão e sensibilidade e entrega a uma faculdade superior – a consciência – o poder de decidir sobre as coisas que, ultrapassando os limites da razão, não lhe são, contudo, repugnantes. A tentação de ver, na consciência moral de Rousseau, uma espécie de predecessora da razão prática kantiana parece muito mais justificável, em nossa opinião, do que a inclinação de qualificá-lo, simplesmente, como objeto de exaltação sentimental.

A *Profissão*, "obra de um homem de boa-fé que raciocina"[10], pode ser abordada a partir de qualquer de suas faces – como obra religiosa, como teoria do conhecimento e crítica das faculdades, ou como ataque à intolerância e ao fanatismo dogmático. Contudo, nenhuma abordagem que ignore os demais aspectos – faces de um mesmo objeto – pode considerar-se completa.

A primeira e mais chocante ousadia da *Profissão de fé*, para os leitores de seu tempo, foi elevar a razão à condição de juiz das Escrituras e da revelação. A

---

10 *Lettre à M. de Montmollin* (24/08/1762), cf. ROUSSEAU, J.-J. *Lettres philosophiques*. Éd. H. Gouhier. Paris: J. Vrin, 1974, p. 100 [N.E.].

recusa da autoridade, que conduz a uma sorte de individualismo expresso na formulação da "religião natural", aproxima os textos do *Emílio*, em muitos aspectos, da *Carta sobre a tolerância*, que Locke havia publicado no século anterior.

> Não vedes – escreve Rousseau – em minha exposição senão a religião natural; é bem estranho que outra seja necessária. Por onde conhecerei esta necessidade? De que posso ser culpado, servindo a Deus segundo as luzes que ele dá a meu espírito e segundo os sentimentos que inspira a meu coração? Que pureza de moral, que dogma útil ao homem e honroso para seu autor posso extrair de uma doutrina positiva, que não possa também tirar do bom uso de minhas faculdades?[11]

A *Carta a d'Alembert* não é menos clara, quanto a esta ambição individualista, nem menos chocante para qualquer religião fundada não só na autoridade dos doutores, mas também na dos textos:

> Ninguém é mais penetrado que eu de amor e de respeito pelo mais sublime de todos os livros; ele me consola e me inspira, todos os dias, quando os outros só me provocam desgosto. Mas sustento que, se a Escritura mesma nos desse de Deus

---

11 O.C. IV, *Émile*, IV, p. 607.

qualquer ideia indigna dele, seria necessário rejeitá-la, nesse ponto, como rejeitais em geometria as demonstrações que levam ao absurdo; pois, qualquer que seja a autoridade do texto sagrado, é ainda mais crível que a Bíblia seja alterada, do que ser Deus injusto ou malfazejo.[12]

Aplicar à Escritura os mesmos critérios com que se julga uma proposição geométrica não significa, no entanto, rejeitar as verdades que não se esgotam na esfera do racional, nem recusar o mistério. Há uma diferença entre as proposições que a razão pode apenas perceber, sem conseguir tocá-las, porque estão além de seu alcance, e os "mistérios que afrontam a razão", pois "sua contradição mesma os faz reentrar em seus limites".[13] Se esta nota reafirma a importância do julgamento racional, em matéria religiosa, introduz, no entanto, um novo elemento de difícil interpretação: a razão individual deve ser um guia para a religião de cada homem; no entanto, o homem pode, sem contradição, aceitar verdades que ultrapassam a esfera estrita do racional. Será esta a religião paralela de que falava Albert Schinz? Para esse intérprete, a resposta seria positiva. Resta mostrar, agora, que não temos aí nenhuma doutrina paralela, no sentido de desvinculada e mesmo

---

12 O.C. V, *Lettre à d'Alembert*, p. 12.
13 O.C. V, *Lettre à d'Alembert*, p. 11 (nota).

oposta à racionalidade rousseauniana, mas apenas a presença de um elemento que *completa* e integra a sua teoria.

A *Profissão de fé* nasce da perplexidade, experimentada pelo Vigário saboiano, diante da multiplicidade das doutrinas filosóficas e religiosas. Os homens de saber são eficientes em destruir as doutrinas alheias, mas fracos na defesa dos próprios sistemas. Quanto aos religiosos, especialmente, o mais que podem invocar, para assegurar a aceitação de suas ideias, é a força da autoridade. O homem sente necessidade de crer em algo, mas em quê?

> O que redobrava meu embaraço – diz o Vigário – era que, nascido numa igreja que tudo decide, que não permite qualquer dúvida, um só ponto rejeitado me fazia rejeitar todo o resto, e, na impossibilidade de admitir tantas decisões absurdas, me afastava também das que não o eram. Dizendo-me: crê em tudo, impediam-me de acreditar no que quer que fosse, e eu não sabia mais onde deter-me.[14]

Impedido de crer na sua religião original, e não encontrando nos filósofos nenhum caminho seguro, ao Vigário não resta senão procurar sua própria verdade, contra as opiniões e contra a autoridade

---

14 O.C. IV, *Émile*, IV, p. 568.

que não responde à razão. Em sua investigação, o Vigário tentará, inicialmente, descobrir o porquê de tantas opiniões contraditórias e de tantos erros. Sua resposta nos apontará um primeiro caminho para compreender a teoria rousseauniana das faculdades e dos erros.

> Eu concebo que a insuficiência do espírito humano é a primeira causa desta prodigiosa diversidade de sentimentos, e que o orgulho é a segunda. Não temos a medida desta máquina imensa, nem podemos calcular todas as suas relações; não conhecemos suas primeiras leis nem sua causa final; desconhecemos a nós mesmos; não conhecemos nem nossa natureza nem nosso princípio ativo; mal sabemos se o homem é um ser simples ou composto; mistérios impenetráveis nos cercam de todos os lados; eles estão acima da região sensível; para penetrá-los acreditamos ter a inteligência e não temos senão a imaginação. Cada qual se traça, através deste mundo imaginário, uma rota que acredita ser a boa, mas ninguém pode saber se ela leva ao objetivo. Entretanto, tudo queremos penetrar, tudo conhecer.[15]

Os pontos de gravidade do texto parecem claros: insuficiência do entendimento, orgulho, confusão

---

15 O.C. IV, *Émile*, IV, p. 568.

entre razão e imaginação – tais são as fontes dos nossos erros, quando a razão procura tratar de um objeto que a ultrapassa inevitavelmente. Passemos algumas páginas adiante, e vejamos o Vigário falando sobre a vida da alma após a morte do corpo:

> Mas que vida é esta? E a alma – será imortal por natureza? Meu entendimento limitado nada concebe sem limites: tudo que chamamos infinito me escapa. Que posso afirmar ou negar? Que raciocínios posso realizar sobre o que não consigo conceber?[16]

Policiar a razão, evitar os objetos que estão além de sua medida, eis a regra primeira da sabedoria. A eternidade, a imortalidade da alma, Deus – eis os objetos proibidos, porque estão além do entendimento. "O uso mais digno de minha razão é aniquilar-se diante de ti" – diz o Vigário, dirigindo-se a Deus.[17] Mas este aniquilar da razão não é negá-la – é repô-la em seu lugar, pois "é o abuso das nossas faculdades que nos torna infelizes e perversos"[18].

É este o primeiro sentido de crítica rousseauniana à filosofia – ou, antes, à maneira pela qual os homens procuram edificar o saber. Abusando das faculdades, constroem monumentos de palavras, que desmoronam quando se busca o seu real significado.

---

16 O.C. IV, *Émile*, IV, p. 590.
17 O.C. IV, *Émile*, IV, p. 594.
18 O.C. IV, *Émile*, IV, p. 587.

As ideias gerais e abstratas são a fonte dos maiores erros dos homens; jamais o jargão da metafísica fez descobrir uma só verdade, e preencheu a filosofia de absurdos dos quais nos envergonhamos, tão logo os despojamos de suas grandes palavras.[19]

Se as causas do erro podem ser reduzidas, pelo policiamento das faculdades, não há como eliminar o engano, contudo, de modo absoluto e seguro. Nosso saber se constrói numa espécie de corda bamba, e as mesmas razões que tornam possível o conhecimento, tal como o possuímos, tornam possível também o engano. Nosso conhecimento só se realiza porque existe, no espírito humano, um princípio ativo que ordena e relaciona a matéria da sensibilidade, constituindo cada objeto como unidade perceptiva e permitindo distingui-lo e compará-lo aos demais. É essa faculdade de ser ativo e inteligente que permite dar um sentido à palavra "é". Mas é esta mesma faculdade que, ultrapassando as sensações, permite a confusão entre o que nos vem como dado e o que acrescentamos como julgamento. "Se o julgamento desta relação [entre duas sensações] não fosse mais que uma sensação e me viesse unicamente do objeto, meus julgamentos jamais me enganariam, pois nunca

---

19 O.C. IV, *Émile*, IV, p. 577.

é falso que eu sinta o que sinto."[20] É no sujeito que se encontra esta força que aproxima e compara as sensações, chame-se ela "atenção, meditação, reflexão ou o que quer que seja"[21]. Daqui segue a conclusão que é citada, tantas vezes, como um dos pontos fortes da teoria que afirma o irracionalismo rousseauniano:

> Eu não sou, portanto, simplesmente um ser sensitivo e passivo, mas um ser ativo e inteligente, e, diga o que disser a filosofia sobre isso, ousarei pretender a honra de pensar. Sei somente que a verdade está nas coisas e não em meu espírito, que as julga, e que, quanto menos coloco de meu nos julgamentos que produzo, mais estou certo de aproximar-me da verdade: *assim, minha regra de entregar-me mais ao sentimento que à razão é confirmada pela razão mesma.*[22]

O significado da palavra sentimento, neste trecho, parece-nos bastante claro e determinado pelo seu contexto. Três parágrafos antes, falando do erro, Rousseau havia observado que, sendo o sujeito ativo quando julga, e, sendo falível a operação que compara, o entendimento, que julga as relações, mistura seus erros à "verdade das sensações, que não mostram senão os objetos". Entregar-se mais

---
20 O.C. IV, *Émile*, IV, p. 572.
21 O.C. IV, *Émile*, IV, p. 573.
22 O.C. IV, *Émile*, IV, p. 573.

ao sentimento que à razão significa, pois, entregar--se mais à "verdade das sensações" que aos riscos do julgamento passível de erro. Quanto a este trecho, especificamente, a interpretação de Derathé nos parece falha, na medida em que ele confunde sensação – representação de um dado da experiência – com o "sentimento interior".

> Tudo se passa – diz Derathé – como se a razão, consciente de seus limites, se recusasse a si mesma, para recomendar-nos o uso do sentimento interior, o único capaz de tirar-nos do estado de dúvida a que seríamos condenados, se nada viesse substituir a razão que desfalece.[23]

A confusão de Derathé decorre, a nosso ver, de ter transposto a frase para uma situação diversa daquela em que se encontra, no texto original. Aplicada ao "sentimento interior", contudo, sua interpretação parece-nos perfeita, e, quanto a este ponto, não devemos senão subscrever as conclusões de Derathé.

Se a razão, para Rousseau, pode julgar o que está à sua altura, medindo a coerência das proposições, a necessidade das conclusões e estendendo seu arbítrio até mesmo às Escrituras, diante do que a ultrapassa deve, entretanto, calar-se. O que a ultrapassa, como vimos,

---

23 DERATHÉ, R. *Le Rationalisme de J.-J. Rousseau*, op. cit., p. 65.

será ou misterioso, sem ser absurdo, ou possível, sem ser demonstrável, pois tudo que for manifestamente contraditório cairá em seu domínio. No primeiro caso, não cabe ao espírito senão a dúvida respeitosa. No segundo, contudo, a decisão é possível, mas já não pertence à razão. Cabe ao "sentimento interior" resolver se acreditamos ou não, e este impulso jamais nos fará aceitar algo manifestamente irracional. Como observa Rousseau, em carta a Voltaire, os crentes em Deus só fundam sua convicção em probabilidades; e os ateus fundam a sua descrença nas probabilidades contrárias. Uns e outros não têm qualquer garantia racionalmente irrecusável para suas opiniões, positivas ou negativas, já que os argumentos, de um e de outro lado, se movem num terreno do qual não se possui verdadeiro conhecimento.

> Convenho em tudo isso – acrescenta Rousseau – e, no entanto, creio em Deus, tão fortemente quanto em qualquer verdade, pois crer e não crer são as coisas que menos dependem de mim; pois o estado de dúvida é demasiado violento para minha alma, e, quando minha razão vacila, minha fé não pode permanecer muito tempo em suspenso e se determina sem ela; finalmente, porque mil motivos de preferência me lançam para o lado mais consolador, e juntam o peso da esperança ao equilíbrio da razão.[24]

---

24 O.C. IV, *Lettre à Voltaire* (18/08/1756), p. 1070-1071.

Neste nível, o sentimento interior constitui uma saída para os impasses do entendimento, e, embora não exista, neste tipo de adesão, o mesmo grau de certeza que pode oferecer a demonstração racional, não se pode afirmar que estejamos diante de algo *contrário à razão*. Em outro nível, contudo, o "sentimento interior" assume um papel mais complexo e talvez mais importante, de guia e de controlador da própria razão.

Quem não sabe – escreve Rousseau ao Sr. de Franquières – que, sem o sentimento interno, logo não restariam traços de verdade sobre a terra, que seríamos todos, sucessivamente, o joguete das opiniões mais monstruosas, à medida que aqueles que as sustentam tivessem mais gênio, mais habilidade e mais espírito? E que, enfim, reduzidos a envergonhar-nos de nossa própria razão, bem cedo não saberíamos em que acreditar nem o que pensar?[25]

Comentando esse trecho, Derathé observa que o sentimento interior, tornando-se condição de possibilidade da razão reta e sadia, se confunde com a mesma consciência que Rousseau exalta na invocação célebre. A identificação entre o sentimento interior e consciência é facilmente demonstrável, ao longo dos textos da *Profissão de fé*. Eis alguns que Derathé poderia, se o quisesse, mencionar em apoio de sua interpretação:

---

25 O.C. IV, *Lettre à M. de Franquières* (15/01/1769), p. 1139.

Os atos de consciência não são julgamentos, mas sentimentos. Embora todas as ideias nos venham de fora, os sentimentos que as apreciam estão dentro de nós, e é por eles, apenas, que apreciamos a conveniência ou não que existe entre nós e as coisas que devemos respeitar ou das quais devemos fugir.[26]

Outro texto, situado algumas páginas antes:

Após haver, assim, da impressão dos objetos sensíveis e do sentimento interior que me leva a julgar as causas segundo minhas luzes naturais, deduzido as principais verdades que me importava conhecer, resta-me investigar que regras devo delas extrair para minha conduta, e que regras devo prescrever-me para preencher meu destino sobre a terra, segundo a intenção daquele que aí me colocou [...]. Não preciso senão consultar-me sobre o que devo fazer: tudo que sinto estar bem está bem, tudo que sinto estar mal está mal: o melhor de todos os casuístas é a consciência, e só quando mercadejamos com ela recorremos às sutilezas do raciocínio.[27]

O princípio que nos permite afirmar as verdades

---
26 O.C. IV, *Émile*, IV, p. 599.
27 O.C. IV, *Émile*, IV, p. 594.

colocadas além da razão se confunde, pois, com o princípio da moralidade, que nos vincula naturalmente ao bem. Se todas as ideias provêm do exterior, existe, no entanto, no fundo das almas, "um princípio inato de justiça e de virtude, a partir do qual, malgrado nossas próprias máximas, julgamos nossas ações e as de outrem como boas ou más, e é a este principio que dou o nome de consciência".[28] Este princípio, é fácil percebê-lo, é o mesmo que se manifesta em dois sentimentos "anteriores à razão, um dos quais interessa ardentemente a nosso bem-estar e à nossa própria conservação, e outro que nos inspira uma repugnância natural por ver morrer ou sofrer todo ser sensível, principalmente nossos semelhantes".[29] É da combinação adequada destes dois sentimentos, ou princípios, como são chamados no segundo *Discurso*, que parecem, a Rousseau, decorrer todas as regras do direito natural, sem que seja necessário acrescentar-lhes qualquer impulso de sociabilidade natural. O homem está, portanto, destinado, por sua constituição mesma, a vincular-se ao bem e à justiça, senão dotado de um princípio que o subordina à ordem moral, mesmo quando, não sendo a razão desenvolvida, a vida moral não exista para o homem. São estes princípios, inscritos na natureza humana, a condição de possibilidade

---

28 O.C. IV, *Émile*, IV, p. 598.
29 O.C. III, *Discours sur l'origine de l'inégalité*, Préface, p. 126.

de uma moralidade que a razão pode compreender e confirmar, definindo-a como adesão ao direito e àquilo que convém à natureza humana. Se o direito, na ordem civil, é construído pela razão, a mesma razão que submete as paixões e preserva a liberdade, condição do ato moral, os princípios definidores da essência humana só são perceptíveis pela consciência. Mesmo na ordem civil, portanto, a consciência participa, ao menos de forma negativa, na constituição das condições de moralidade, apontando aqueles direitos naturais que não podem ser violados, e na ausência dos quais nenhuma lei é justa. Tal é a última relação entre razão e consciência que devemos assinalar nesta parte do trabalho. Com isto, introduzimos, forçosamente, os conceitos de natureza, de moralidade e de lei, o que nos coloca no limiar da antropologia e da filosofia política de Rousseau.

Antes de avançarmos para as partes mais elevadas e mais visíveis desses assuntos, devemos, ainda, explorar as suas bases, também ligadas à religião rousseauniana. Nesta exploração reencontraremos a consciência, os artigos de fé aceitos por Rousseau e poderemos contemplar, pela primeira vez, o quadro geral de sua metafísica, cujas vias de acesso – a razão e o sentimento interior – já pudemos discutir.

Categorias fundamentais: ordem e totalidade

A maioria dos intérpretes está de acordo em que a ideia de natureza desempenha um papel fundamental no pensamento de Rousseau; o desacordo pode existir, mais facilmente, nas interpretações do que seja esta ideia de natureza e de qual a extensão deste "papel fundamental". Nosso propósito, nesta parte, é explicitar esta ideia e indicar o que nos parece o seu verdadeiro papel: condição de inteligibilidade do pensamento político de Rousseau, como um todo, na medida em que somente o recurso ao conceito de natureza nos permite o trânsito entre os vários níveis do discurso.

Este conceito está presente nos principais textos rousseaunianos, senão mesmo em toda a sua obra, mas em nenhuma parte ele se encontra tão claramente explicitado quanto na *Profissão de fé do Vigário saboiano*.

A religião do Vigário nasce da contemplação do mundo, de uma contemplação renovada, em que ele espera superar o dogmatismo dos "vãos sistemas"[30] e das religiões instituídas. A natureza é, em primeiro lugar, o que temos diante dos sentidos, e o espetáculo que vemos é o do movimento regular. Não é a simples presença, a existência da natureza em si, que conduz o Vigário à crença em Deus. Deus não surge, na *Profissão de fé*, como resposta à pergunta

---

30 O.C. IV, *Émile*, IV, p. 605.

sobre a origem absoluta do mundo: como veio a ser o que não era? Responde, isto sim, a uma interrogação sobre o modo de ser do universo, definido pelo movimento e pela regularidade. Deus, para o Vigário, é "este ser"[31], qualquer que seja, possuidor de uma vontade capaz de mover o universo e de uma inteligência capaz de regulá-lo.

A caracterização da divindade pelos dois atributos – vontade e inteligência – é construída nos dois primeiros artigos de fé, os quais, como sabemos, são obtidos mediante a atividade combinada da razão e do sentimento interior. Se é a metafísica rousseauniana que sustenta a sua filosofia política, então vale a pena explicitar o processo de construção dessa metafísica e indicar os seus pontos de apoio.

Para Rousseau, existem dois tipos de movimento, o comunicado e o espontâneo. No primeiro caso, a fonte do movimento é exterior ao móvel; no segundo, pertence a ele mesmo. O primeiro tipo é o movimento da "matéria morta"[32], da qual o mundo é constituído. A física pode descrever e explicar, em certa medida, como se move o mundo material, mas não mostra de onde provém este movimento.

A experiência e a observação – afirma Rousseau – fizeram-nos conhecer as leis ao movimento. Estas

---

31 O.C. IV, *Émile*, IV, p. 578 e 581.
32 O.C. IV, *Émile*, IV, p. 575.

leis determinam o efeito sem mostrar as causas, e não bastam para explicar o sistema do mundo e a marcha do universo [...]. Que Descartes nos diga que lei física fez girarem seus turbilhões, que Newton mostre a mão que lançou os planetas sobre a tangente de suas órbitas.[33]

Se a física não explica a origem ao movimento do mundo, a simples razão é, por sua vez, incapaz de concebê-lo. Mas é, ao mesmo tempo, incapaz de compreender como a matéria insensível poderia ser dotada de vida e, portanto, de espontaneidade. O espírito humano não pode, portanto, nem afirmar, pela luz do entendimento, a realidade da causa do movimento universal, nem aceitar, por ser contraditória, a ideia da matéria viva, como componente do unindo. "A ideia da matéria sentindo sem ter sentidos me parece ininteligível e contraditória. Para adotar ou rejeitar esta ideia, seria necessário começar por compreendê-la, e confesso que não tenho essa felicidade".[34] Cabe ao sentimento interior, portanto, a resposta final: "a persuasão interior me torna esta causa de tal modo sensível que não posso ver rolar o mundo sem imaginar uma força que o impulsione, ou que, se a terra gira, creio sentir uma mão que a faz girar".[35]

---

33 O.C. IV, *Émile*, IV, p. 575-576.
34 O.C. IV, *Émile*, IV, p. 575 (nota).
35 O.C. IV, *Émile*, IV, p. 575.

A afirmação da espontaneidade do movimento, nos seres humanos, será realizada por processo semelhante, embora menos complicado. Aqui, não será necessário demonstrar a insuficiência da física, nem apontar, como contraditória, a ideia oposta. Como afirmar a existência de movimentos espontâneos?

> Eu vos direi que o sei porque o sinto. Quero mover meu braço e o movo, sem que este movimento tenha outra causa imediata senão minha vontade. Em vão se tentaria raciocinar para destruir em mim este sentimento, pois ele é mais forte que toda evidência; tanto faria provar que eu não existo.[36]

Neste ponto, curiosamente, a certeza da espontaneidade do movimento do sujeito assume um *status* análogo ao da certeza da existência, que é, para a consciência, a primeira de todas as evidências, em Rousseau como em Descartes.

Se, no momento decisivo, caberá à consciência ditar o veredicto de adesão aos artigos de fé, o corpo da argumentação, em cada um dos casos, é, no entanto, construído de modo racional. A discussão sobre a insuficiência da física pode exemplificar claramente este ponto. E – o que é fundamental, quando ainda se deseje debater o "irracionalismo" rousseauniano

---

36 O.C. IV, *Émile*, IV, p. 574.

– temos diante de nós a afirmação explícita de que a razão em nenhum momento foi contrariada, mesmo quando a adesão ao dogma ultrapassa seus estritos limites. É o que afirma o personagem de Rousseau: "O dogma que acabo de estabelecer é obscuro – isto é verdade; mas, enfim, ele oferece um sentido e nada contém que repugne a razão; poderíamos dizer o mesmo do materialismo?"[37] Rousseau se refere, nesta passagem, ao primeiro artigo de fé, mas a observação pode estender-se a todos os demais. Chegamos, assim, à formulação do primeiro dogma da religião natural:

> Em uma palavra, todo movimento que não é produzido por outro não pode vir senão de um ato espontâneo, voluntário; os corpos inanimados não agem senão pelo movimento, e não há verdadeira ação sem vontade. Eis meu primeiro princípio. Eu creio, portanto, que uma vontade move o universo e anima a natureza. Este é meu primeiro artigo de fé.[38]

O dogma seguinte é estabelecido por um processo análogo. Assim como as leis físicas apenas descrevem o movimento, estabelecendo a sua necessidade, sem explicar de onde provém o movimento da matéria inanimada, assim também cabe perguntar, para além

---

37 O.C. IV, *Émile*, IV, p. 576-577.
38 O.C. IV, *Émile*, IV, p. 576.

dos sistemas da ciência, qual a fonte da necessidade e da regularidade que observamos no mundo. Ao longo de cinco páginas, o Vigário procura demonstrar que o simples acaso ou jogo das probabilidades seria insuficiente para dar conta do mundo tal como é; que, se existe no mundo uma ordem e se essa ordem se expressa em leis, não há como conceber que a natureza, antes desregrada, de repente se impusesse a si as normas da sua necessidade; e que, finalmente, não haveria como supor que os átomos e as moléculas, não dotados de inteligência, pudessem, por si sós, compor um todo tão solidário e tão unificado que não há um único ser, no universo, que não se possa, sob qualquer aspecto, encarar como o centro comum de todos os outros, "de tal forma que são todos, reciprocamente, fins e meios".[39] Finalmente, como imaginar que "a matéria passiva e morta pudesse produzir seres vivos e capazes de sentir, que uma fatalidade cega tenha podido produzir seres inteligentes, que o que não pensa tenha podido gerar seres que pensam".[40] Daí o segundo artigo de fé, que a consciência não pode rejeitar e que nenhum artifício de raciocínio pode destruir: "Se a matéria movida me mostra uma vontade, a matéria movida segundo certas leis me mostra uma inteligência. Eis meu segundo artigo de fé."[41]

---

39 O.C. IV, *Émile*, IV, p. 580.
40 O.C. IV, *Émile*, IV, p. 580.
41 O.C. IV, *Émile*, IV, p. 578.

O que estas cinco páginas nos mostram, acima de tudo, é a certeza de existir uma sorte de racionalidade inscrita no universo. Uma racionalidade que se expressa no concerto das partes em vista de um fim que não podemos conceber, mas cuja existência podemos supor. O que é paradoxal, à primeira vista, é que a afirmação da condição de existência desta racionalidade não dependa da razão, mas de outra faculdade. Isto nos traz um novo aspecto do papel da consciência: ela não apenas é um complemento da razão, mas, sem ela, não poderíamos afirmar a condição de possibilidade da racionalidade universal e *da nossa própria racionalidade, pois de onde viria nossa inteligência, senão de um ser inteligente e não da matéria morta?*

Embora afirmando que Deus é aquele que "tudo fez"[42], Rousseau não faz deste ato criador o ponto capital de sua exposição. O que sustenta, com ênfase, é que Deus seja aquele que "formou o universo" e "tudo ordenou"[43]. A "maior maravilha" do mundo consiste na "harmonia" e no "acordo" de todas as suas partes.[44] Para a manutenção da harmonia e do acordo foram tomadas "medidas certas"[45], de tal forma que nada os perturbasse. Os primeiros elementos para explicitar a ideia de natureza estão

---
42 O.C. IV, *Émile*, IV, p. 593.
43 O.C. IV, *Émile*, IV, p. 593.
44 O.C. IV, *Émile*, IV, p. 579-580.
45 O.C. IV, *Émile*, IV, p. 580.

portanto presentes: um "grande todo"[46], regido por leis que unem as suas partes em harmonia, equilíbrio e regularidade – logo, segundo uma "ordem" que é a manifestação da razão divina e que constitui, de certo modo, a essência da natureza, o seu modo de ser. Não importa que não saibamos o fim desta ordenação:

> Eu julgo sobre a ordem do mundo ainda que ignore seu fim, porque, para julgar esta ordem, me basta comparar as partes entre si, estudar seu concurso, suas relações, assinalar o seu concerto [...]. Sou como um homem que visse pela primeira vez um relógio aberto, e que não deixaria de admirar a obra, embora sem conhecer o uso da máquina. [...] Estou seguro – diria este homem – de que todas estas engrenagens não andam assim, de concerto, a não ser para um fim comum, que me é impossível conceber.[47]

O terceiro artigo de fé – afirmação da liberdade humana – envolve uma dificuldade adicional, que, curiosamente, não vimos assinalada em nenhum dos comentários consultados. Vamos registrá-la, juntamente com sua solução, mostrando como a reflexão rousseauniana sobre a natureza se processa em níveis

---

46 O.C. IV, *Émile*, IV, p. 580.
47 O.C. IV, *Émile*, IV, p. 578.

diferentes, que podem parecer contraditórios. A ideia de Deus é necessária, no contexto da *Profissão de fé*, na medida em que o movimento da matéria inanimada precisa de um princípio absoluto, localizado num ato de vontade. A originalidade deste ato divino nos revela que a liberdade é, em sentido absoluto, anterior à necessidade; aquela é a fonte do movimento, esta é a sua forma. Tal é, a nosso ver, o sentido da passagem: "O princípio de toda ação está na vontade de um ser livre; não se poderia remontar além disso. Não é a palavra liberdade que nada significa, mas a palavra necessidade."[48] Em outras palavras, o conceito de liberdade é o único capaz de dar conta de si mesmo, pois expressa algo original; mas a ideia de necessidade tem de ser remetida a algo que lhe é inevitavelmente anterior. Tratando-se de compreender, em sentido absoluto, como o universo teve seu movimento gerado e sua ordem implantada, Rousseau deve, portanto, reportar-se exclusivamente à ideia de Deus, renunciando a "explicar a ordem do universo por vãos sistemas"[49], precisamente porque eles nada explicam, mas apenas descrevem. É este o sentido do desafio a Descartes e a Newton, para que respondam quem fez girar os turbilhões e que mão lançou os planetas na tangente de suas órbitas. Do ponto de vista "teológico", apropriado para a explicação

---

48 O.C. IV, *Émile*, IV, p. 586.
49 O.C. IV, *Émile*, IV, p. 605.

do mundo, em termos absolutos, Rousseau sempre poderá, portanto, afirmar uma espécie de prioridade lógica e mesmo ontológica da liberdade, uma vez que a necessidade, expressa na ordem e nas leis naturais, não é senão decorrência de um ato original e espontâneo. Quando a própria natureza, no entanto, for o último ponto de referência, a ideia de necessidade se apresentará como a original, e a liberdade só será compreensível de maneira indireta – como negação da necessidade. Isto nos explica por que o conceito de liberdade é gerado de modos aparentemente contraditórios na *Profissão de fé* e no *Discurso sobre a desigualdade*. Na *Profissão de fé*, afirmando a liberdade como anterior, Rousseau pode simplesmente apresentar o homem como livre, pois nele está a origem de seus atos.

> Ou não há primeiro impulso, ou todo primeiro impulso não tem qualquer causa anterior, e não há verdadeira vontade sem liberdade. O homem é, portanto, livre em suas ações, e, como tal, animado de uma substância imaterial – eis meu terceiro artigo de fé.[50]

No *Discurso sobre a desigualdade*, no entanto, não é a necessidade natural que deve ser "compreendida", mas a posição do homem, considerado em

---

50 O.C. IV, *Émile*, IV, p. 586-587.

relação ao mundo que o envolve e que é o pano de fundo de sua existência. Então, o conceito de necessidade ganha um novo *status* e torna-se o ponto de referência. Os fenômenos a serem compreendidos passam a medir-se pelo padrão da ciência natural – a mecânica.

> Eu não vejo em todo animal senão uma máquina engenhosa, a quem a natureza deu sentidos [...]. Percebo precisamente as mesmas coisas na máquina humana, com a diferença de que a natureza tudo faz nas operações do animal [*bête*], enquanto o homem concorre para as suas, na condição de agente livre.[51]

Este parágrafo estabelece a comparação e *coloca* a ideia de liberdade, mas não a explicita, isto é, não revela o padrão que a torna significativa. Isto ocorrerá no parágrafo seguinte, onde, após afirmar que "todo animal tem ideias, pois tem sentidos"[52], não residindo nesse aspecto a diferença entre o homem e as demais espécies, Rousseau acrescentará:

> A natureza comanda a todo animal, e o animal [*bête*] obedece. O homem experimenta a mesma

---

51 O.C. III, *Discours sur l'origine de l'inégalité*, Première Partie, p. 141.
52 O.C. III, *Discours sur l'origine de l'inégalité*, Première Partie, p. 141.

impressão, mas ele se reconhece livre de aquiescer ou de resistir; e é sobretudo na consciência desta liberdade que se mostra a espiritualidade de sua alma: pois a Física explica de algum modo o mecanismo dos sentidos e a formação das ideias; mas no poder de querer ou sobretudo de escolher, e no sentimento deste poder, só se encontram atos puramente espirituais, dos quais nada se explica pelas leis da mecânica.[53]

O cotejo de ambos os textos – o da *Profissão de fé* e o do segundo *Discurso* – coloca-nos, portanto, diante do seguinte quadro: o mundo unido pela origem divina e dividido pela oposição entre a necessidade, que a Mecânica descreve, e a liberdade, que descobrimos na espontaneidade humana. Havíamos reduzido a primeira imagem da natureza (física) a um conceito essencial: a ordem. Este é o nome pelo qual sintetizamos a harmonia, o equilíbrio e a regularidade dos movimentos. Quanto ao homem, também produto de Deus, estará excluído de toda ordem? A resposta é negativa, embora seus atos livres não entrem no "sistema ordenado da Providência"[54], nem possam ser imputados a Deus. É esta a condição para que Rousseau possa inocentar Deus de todo o mal, atribuindo-o exclusivamente à ação do homem.

---

53 O.C. III, *Discours sur l'origine de l'inégalité*, Première Partie, p. 141-142.
54 O.C. IV, *Émile*, IV, p. 587.

"Homem, não procures o autor do mal. Este autor és tu mesmo. Não há outro mal senão o que fazes ou sofres, e um e outro te vem de ti".[55] Se os atos humanos, enquanto atos livres, não podem ser inscritos no sistema da Providência, o Vigário fala, contudo, na "doce felicidade" de "sentir-se ordenado em um sistema onde tudo está bem".[56] Este sistema, como o do mundo físico, se define por uma lei, igualmente natural, apenas com a diferença de que esta se encontra inscrita no coração humano, que pode ou não segui-la. Manifesta-se sob a forma de sentimentos inatos, anteriores à razão, assim descritos na *Profissão de fé*:

> Seja qual for a causa de nosso ser, ela proveu à nossa conservação, dando-nos sentimentos convenientes a nossa natureza; não se poderia negar que ao menos estes sejam inatos. Estes sentimentos, quanto ao indivíduo, são o amor de si, o medo à dor, o horror da morte, o desejo do bem-estar. Mas se, como não se pode duvidar, o homem é sociável por natureza, ou, ao menos, feito para assim se tornar, ele não o pode ser senão por outros sentimentos inatos, relativos à sua espécie, pois, a considerar somente a necessidade física, ela deve certamente dispersar os homens em vez de aproximá-los. Ora, é do sistema moral

---

55 O.C. IV, *Émile*, IV, p. 588.
56 O.C. IV, *Émile*, IV, p. 603.

formado por esta dupla relação, a si mesmo e a seus semelhantes, que nasce o impulso da consciência. Conhecer o bem não é amá-lo. O homem não tem dele o conhecimento inato, mas, tão logo a razão o faz conhecê-lo, sua consciência o leva a amá-lo. É este sentimento que é inato.[57]

Não é preciso, pois, que o homem conheça o bem (isto é, que tenha a vida moral desenvolvida, com o conhecimento do bem e do mal) para que possa realizá-lo. Basta seguir seu impulso mais natural, que traduz a lei inscrita em seu coração. Esta lei cria uma ordem – a ordem moral – que relaciona o homem com Deus e com toda a criação. Não há virtude que não seja submissão a essa ordem, nem virtude que não expresse una relação da parte com o todo.

A diferença é que o bom se ordena em relação ao todo, e o perverso ordena o todo em relação a si. Este se faz o centro de todas as coisas; o outro mede seu raio e se prende à circunferência. Então, ele é ordenado em relação ao centro comum, que é Deus, e em relação a todos os círculos concêntricos que são as criaturas. Se a divindade não existe, não há senão o perverso que raciocina, e o bom não é mais que um insensato.[58]

---

57 O.C. IV, *Émile*, IV, p. 600.
58 O.C. IV, *Émile*, IV, p. 602.

É Deus, portanto, o ponto supremo de referência. É ele que dá um sentido moral ao mundo – porque a sua vontade o formou, e ela não pode querer senão o bem – e é por ele que as duas ordens, a física e a humana, se unem, como dois sistemas superpostos e concêntricos, para formar a totalidade que tem seu centro em Deus. É por isto que, embora realizada livremente pelo homem, a ordem moral é tão sagrada quanto a ordem da criação: porque está de acordo com a lei natural, que provém da vontade divina, ordenando-se em relação à *sua* natureza particular, o homem se ordena, pois, em relação ao *todo*, pela referência ao centro comum. Se a palavra ordem é uma moeda de duas faces – a humana, livre, e a física, necessária –, ela é, porém antes de tudo, uma *única*, definida por um mesmo ponto de referência. "A bondade de Deus é o amor da ordem, pois é pela ordem que ele mantém o que existe, e liga cada parte ao todo"[59]; "o amor da ordem, que a produz, chama-se bondade, e o amor da ordem, que a conserva, chama-se justiça"[60]. No homem, contudo, a bondade é o "amor de seus semelhantes"[61], que é uma forma de adesão à ordem, pois é este o impulso mais natural de nossa consciência, ao lado daquele que nos impele a autoconservação. "Que espetáculo nos agrada mais, o dos tormentos ou o da felicidade de outrem? Que

---

59 O.C. IV, *Émile*, IV, p. 593.
60 O.C. IV, *Émile*, IV, p. 589.
61 O.C. IV, *Émile*, IV, p. 593.

nos é mais doce de fazer, um ato benfazejo ou um de perversidade?"[62] Ou, abordando a questão por um outro ângulo:

> Cada qual, é o que dizem, concorre ao bem público por seu interesse próprio; mas de onde vem que o justo para isso concorra em prejuízo próprio? Que significa ir à morte por seu interesse? Sem dúvida, ninguém age senão por seu bem, mas, se é um bem moral que se deve considerar, *jamais se poderá explicar pelo interesse próprio senão as ações dos perversos.*[63]

Como a liberdade, o bem é ontologicamente anterior, e é o mal, como a necessidade, que deve ser explicado. Não é apenas porque praticamos tais e tais atos que somos virtuosos, mas porque estes atos estão de acordo com a nossa natureza e nos inscrevem na ordem criada por Deus.

Se a bondade moral é conforme a nossa natureza, o homem não poderia ser são de espírito nem bem constituído a não ser na medida em que fosse bom. Se, ao contrário, ela não o é, sendo o homem naturalmente perverso, ele não poderia deixar de sê-lo sem se corromper, e a bondade

---

62 O.C. IV, *Émile*, IV, p. 596.
63 O.C. IV, *Émile*, IV, p. 599.

não seria, nele, senão um vício contra a natureza. Feito para prejudicar seus semelhantes, como o lobo para esgorjar a presa, um homem humano seria um animal tão depravado quanto um lobo piedoso; e só a virtude nos deixaria remorso.[64]

Podemos, agora, assinalar mais um marco. Se antes verificarmos que a ideia de natureza se explicita no conceito de ordem, podemos acrescentar que esse conceito se explicita em relação a uma ideia de *totalidade*, que pode ser pensada relativa ou absolutamente, com referência ao mundo humano, ao mundo físico, ou à fonte comum de toda lei, que é Deus. Neste sentido, podemos dizer que a observação de Pierre Burgelin sobre a religião de Rousseau, embora correta, deixa na sombra um elemento essencial. Burgelin afirmou, em *La Philosophie de l'existence de J.-J. Rousseau*, que a religião rousseauniana é uma "religião da ordem".[65] A análise do professor Sergio Cotta, da Universidade de Florença, em "Théorie religieuse et théorie politique chez J.-J. Rousseau", é mais completa. Segundo ele, "da ideia de Deus decorrem consequências análogas na ordem natural tanto das coisas como dos homens". E acrescenta:

---

64 O.C. IV, *Émile*, IV, p. 595-596.
65 BURGELIN, P. *La Philosophie de l'existence de J.-J. Rousseau*, op. cit., p. 436.

Com efeito, à harmonia do universo corresponde a harmonia original do homem, seja no plano interior (consciência), seja no plano exterior (sua coordenação espontânea com a natureza que o cerca). A atividade de Deus tem, pois, por consequência, uma natureza, física e humana, que nos dois casos tem a forma de um "todo" ordenado e homogêneo.[66]

***

Se o homem é bom e inocente, por natureza, e se a bondade consiste, originalmente, na coordenação espontânea em relação ao todo, o mal não pode consistir senão na introdução de uma desordem, que se revela na superposição do interesse particular ao impulso para o bem geral. É nisto, basicamente, que consiste a desnaturação do homem, produto do abuso das faculdades (pois a simples consciência não poderia produzir o mal), da evolução das luzes e da vida social: sem esta, não poderia surgir o interesse que divide os homens, razão necessária para o mal e não para o bem, como foi visto anteriormente.

A originalidade de Rousseau consiste em que, ao inocentar a natureza humana, ele coloca o problema do mal para além da esfera do indivíduo,

---

[66] COTTA, S. "Théorie religieuse et théorie politique chez Rousseau". In: *Rousseau et la philosophie politique*. Paris: PUF, 1965, p. 179.

transferindo-o para o nível do social. Daí a primazia que a política assume em seu pensamento, como única esfera da vida em que se deve resolver o problema da salvação humana – pois aí é que o problema do bem e do mal passa a situar-se. Esta consequência, dedutível de sua religião e de sua metafísica (bastaria, por assim dizer, multiplicar a ideia de natureza por -1, para descobrir "o reino da desordem e do mal"), é confirmada pela observação da sociedade e pela refutação e análise das obras de filosofia política. Que a política se torna o centro de gravidade de suas preocupações fica patente no texto célebre, extraído das *Confissões*:

> Percebi que tudo depende radicalmente da política, e que, seja qual for nossa posição, cada povo não será mais que aquilo que dele faça sua forma de estado. Por isto, a grande questão da melhor forma de governo me parece desembocar nesta outra: qual é a forma de estado mais apropriada para fazer um povo virtuoso, ilustrado, em uma palavra, tão perfeito quanto seja possível, no sentido mais alto do vocábulo?[67]

Deduzir daí, contudo, que todos os demais problemas, anteriormente tratados, deixem de ter significação e importância, para Rousseau,

---

[67] O.C. I, *Les Confessions*, IX, p. 404-405.

parece-nos inteiramente falso. Podemos dizer que a política passa a ser o centro de gravidade de suas preocupações, mas não que seja o *centro de sua teoria*, encarada como um todo. Cassirer afirma que, com sua solução jurídica, Rousseau leva o problema da salvação para fora da metafísica, deixando-o exclusivamente no interior da ética e da política.[68] A opinião parece-nos fundamentalmente incorreta, pois não há como compreender nem a ética nem as soluções "jurídicas" de Rousseau sem uma referência à sua metafísica. Em que outra parte encontrar o real significado do bem? Em que outra parte entender por que a ordem é sagrada, e por que, finalmente, Rousseau dará tanta importância à total soberania do Estado como condição única da liberdade, em contraposição ao liberalismo de Locke? Muitos intérpretes têm percebido que Rousseau de forma alguma pode ser chamado de "liberal", apesar das formas individualistas do racionalismo contido na *Profissão de fé* e noutras passagens onde se advoga a liberdade da consciência religiosa. Mas a maioria dos intérpretes liberais não tem feito senão horrorizar-se diante das fórmulas totalitárias do *Contrato social*, sem chegar a distinguir a fonte da significação dessas fórmulas, nem, pela mesma razão, o motivo pelo qual o "totalitarismo" de Rousseau não é, em sua filosofia,

---

68 CASSIRER, E. *Filosofia de la Ilustración*, op. cit., p. 180.

incompatível com a liberdade. Se podemos afirmar que, para Rousseau, a salvação humana deve resolver-se no terreno da ética e da política, mediante uma prática que supere a servidão ao homem e a sua alienação, não devemos esquecer que o significado desta proposição é anterior a qualquer prática, e que se encontra, integralmente, na sua metafísica. O verdadeiro problema, para quem pretendesse uma avaliação ético-política do pensamento rousseauniano, consistiria em saber como, na prática, se produziria uma ordem capaz de repetir a perfeição e a santidade da ordem natural. Para realizá-lo, o legislador deve ser uma espécie de Deus.

> Quem ouse empreender a instituição de um povo deve sentir-se em estado de mudar, por assim dizer, a natureza humana; de transformar cada indivíduo, que, por si, é um todo perfeito e solitário, em parte de um todo maior, do qual este indivíduo receba, de algum modo, sua vida e seu ser; de alterar a constituição do homem, para reforçá-la; de substituir uma existência parcial e moral à existência física e independente que todos recebemos da natureza.[69]

---

69 O.C. III, *Du contrat social*, II, 7, p. 381.

A crítica da ideologia

Se, pelo estilo de sua crítica religiosa, Rousseau pode encarnar o que há de comum no espírito das Luzes, pelas suas opiniões políticas tende a afastar-se de seus principais contemporâneos e de suas fontes, abrindo uma via que remete mais ao futuro que ao seu próprio tempo ou ao passado. A investigação da natureza humana e a pesquisa do direito natural, comuns a todos os filósofos políticos até o momento de Rousseau, constitui, na verdade, apenas um ponto de partida para seu afastamento em relação aos contemporâneos. Que Rousseau tenha recebido influência de outros pensadores, distantes ou próximos, como Hobbes, Montesquieu ou Locke, não impede que tenha, vigorosamente, buscado ultrapassá-los e colocar a investigação política num rumo diverso e original. Esta originalidade implicou, antes de mais nada, um verdadeiro e radical rompimento com as instituições vigentes e com a ordem social desigualitária, com as quais a maioria dos filósofos mais próximos ainda estava, em maior ou menor grau, comprometida ideologicamente, apesar de suas lutas contra o obscurantismo e em favor da liberdade de pensamento. Tais preocupações, que moviam uma reduzida camada intelectual, não impediam que os filósofos eventualmente falassem do povo como "a canalha", ou que acreditassem que o mundo, apesar de todos os males, se tornava necessariamente melhor pelos acréscimos de saber e de riqueza. Em seu útil volume sobre a história das ideias políticas, observa William Ebenstein:

> A despeito de suas novas ideias e ênfases, a perspectiva racional do Iluminismo era tradicional – e a tradição que havia brotado da Grécia era ainda mais velha que os dogmas correntes da Igreja e da religião. A realização histórica do Iluminismo consistiu não tanto em haver descoberto as possibilidades da razão, quanto em haver convertido a seu credo parte das classes dominantes daquele tempo [...]. O primeiro a atacar não esta ou aquela ideia ou filosofia, *mas os próprios fundamentos da civilização tradicional*, tinha de ser alguém que não fosse parte dela: Jean-Jacques Rousseau.[70]

Para Ebenstein, a diferença se explica pela origem:

> Antes de Rousseau aparecer na cena literária da Europa, os críticos da ordem existente estiveram ampliando sua órbita de interesses lentamente demais para incluir o povo em seus planos de reforma. Mas este "povo" significava sobretudo o diferenciado Terceiro Estado de prósperos e respeitáveis comerciantes, advogados e intelectuais.

---

[70] EBENSTEIN, W. *Great Political Thinkers*. New York: Holt, Rinehart & Winston, 1969, p. 439.

Rousseau é o primeiro escritor político moderno que era *do* povo: as submersas e inarticuladas massas da pequena burguesia, os pobres artesãos e trabalhadores, os insatisfeitos e sem raízes, os *declassés*, para os quais não havia lugar, nem esperança, na ordem existente.[71]

Em que medida – e de que maneira – a origem de Rousseau teria influído em sua visão do mundo político, é um tema que foge a nosso propósito essencial. A observação de Ebenstein interessa-nos na medida em que pode sublinhar, com muita clareza, a oposição entre Rousseau e os demais escritores políticos de seu tempo e os imediatamente anteriores. O que nos importa é sobretudo marcar de que maneira se processou, na reflexão rousseauniana, este divórcio entre a sua e as demais filosofias políticas.

Por volta de 1740, o pensamento político de Rousseau ainda estava ligado às fontes convencionais, os jurisconsultos. É o que demonstra seu *Projeto para a educação de M. Sainte-Marie*, onde anuncia que fará seu discípulo ler as obras de Grotius e de Pufendorf, "pois é digno de um homem de bem conhecer os princípios do bem e do mal, e os princípios sobre os quais se estabeleceu a sociedade de que participa".[72] No futuro, sua posição seria inteiramente diversa, e os

---

[71] Id., ibid., p. 439.
[72] O.C. IV, *Projet pour l'éducation de Monsieur de Sainte-Marie*, p. 51.

jurisconsultos seriam incluídos, em seus escritos, entre aqueles que, por interesse ou má-fé, fazem a apologia da desigualdade. Esta acusação encontra-se numa grande variedade de textos. Na *Carta a Christophe de Beaumont*, Rousseau escreveu:

> Procurei a verdade nos livros, e neles não achei senão o engano e o erro. Consultei os autores, e só encontrei charlatães que fazem o jogo de enganar os homens, sem outra lei que o seu interesse, sem outro deus que sua reputação; prontos a desacreditar os chefes que não os tratem como pretendam, mais prontos ainda a louvar a iniquidade que lhes paga. Escutando as pessoas a quem se permite falar em público, compreendi que não ousam ou não querem dizer senão o que convém aos que comandam, e que, *pagos pelo forte para pregar ao fraco*, não sabem falar a este último senão de seus deveres, e ao outro senão de seus direitos.[73]

A acusação de trocar a verdade pela conveniência não se restringe aos filósofos e aos pregadores públicos, mas acaba por estender-se também aos educadores. Na mesma carta, está escrito que "toda a instrução pública tenderá sempre ao engano, enquanto aqueles que a dirigem tiverem interesse em mentir"[74]. Assim

---
73 O.C. IV, *Lettre à Christophe de Beaumont*, p. 967.
74 O.C. IV, *Lettre à Christophe de Beaumont*, p. 967.

definido o quadro, assinala-se o divórcio: "Por que seria eu – pergunta Rousseau – cúmplice dessas pessoas?".[75]

Nos fragmentos, no *Manuscrito de Genebra*, no *Contrato* e no *Emílio*, multiplicam-se estas acusações, das quais mencionaremos apenas mais um exemplo, para não alongar demasiadamente as citações. Falando sobre os direitos dos governantes, e dos povos, Rousseau observa:

> Qualquer um pode ver, nos capítulos III e IV do primeiro livro de Grotius, como este homem sábio e seu tradutor Barbeyrac se emaranharam e se embaraçaram nos seus sofismas, com medo de não expressar ou de expressar demais os seus pontos de vista, e de contrariar os interesses que tinham de conciliar, Grotius, refugiado na França, descontente com sua pátria, e querendo cortejar Luís XIII, a quem o livro é dedicado, nada economiza, para despojar os povos de todos os seus direitos e para com eles revestir os reis, com toda a arte possível.[76]

Há uma filosofia para o povo e uma filosofia para os poderosos. A verdade é o que menos importa, se for favorável ao povo, "pois a verdade não leva à

---

75 O.C. IV, *Lettre à Christophe de Beaumont*, p. 967.
76 O.C. III, *Du contrat social*, II, 2, p. 370.

fortuna e o povo não concede embaixadas, nem cátedras, nem pensões"[77].

Se tal é a disposição de Rousseau em relação aos jurisconsultos, aos filósofos que cortejam o poder e aos pregadores que falam em nome do forte, não lhe basta, no entanto, mostrar a presença do interesse para demonstrar a falsidade das doutrinas correntes.

Os argumentos decisivos – e os únicos que, a rigor, devem contar no debate teórico – têm de atingir os próprios suportes do discurso a ser refutado: os seus fundamentos, a sua lógica, os seus pressupostos. A decisão de servir ao poder não basta para invalidar uma filosofia. De outro lado, a boa intenção não é suficiente para produzir a filosofia verdadeira, mesmo que seu autor seja honesto e sábio. Rousseau jamais acusou Hobbes ou Locke de má-fé; no entanto, embora os respeitasse e fosse por ambos influenciado, separou-se também de suas doutrinas, delas conservando não mais que alguns elementos.

À medida que seu pensamento se vai desenvolvendo, não apenas Rousseau percebe a crescente distância que o separa das doutrinas correntes. As polêmicas que tem de sustentar mostram que a originalidade de suas teorias causa perplexidade, espanto e repulsa nos meios ilustrados.

O *Discurso sobre as ciências e as artes* aparece, em primeiro lugar, como uma incrível rejeição de tudo

---

[77] O.C. III, *Du contrat social*, II, 2, p. 371.

quanto constitui o orgulho dos homens civilizados. E o *Discurso sobre a desigualdade* parece levar a algo mais extremo, com a valorização do estado selvagem e primitivo. A famosa carta de Voltaire, a propósito do segundo *Discurso*, é um documento expressivo. Em primeiro lugar, é patente que Voltaire não entendeu o livro, pois Rousseau em nenhuma parte recomendou que os europeus fossem viver como os índios da América. Apesar disso, e talvez por isso mesmo, a carta permanece como um depoimento importante, pois sugere que a crítica da vida social deve ter impressionado Voltaire muito menos que o desprezo pelos valores da civilização europeia, que chega, de certo modo, a horrorizá-lo. Curiosamente, Voltaire parece assumir, em relação às sociedades avançadas, uma atitude análoga ao otimismo de seu *Cândido*, quando o confrontamos com Rousseau. Ressalvados o conforto, a riqueza e as luzes, tudo aparece mais ou menos como um mal inevitável, compensado pelas vantagens da vida civilizada.

Comparando-os, Bernardin de Saint-Pierre escreveu que Voltaire foi o filósofo dos homens felizes, e Rousseau o dos infelizes.[78] A observação

---

78 Jacques-Henri Bernardin de Saint-Pierre (1737-1814), escritor francês, autor de *Paul et Virginie* (1788). A referida comparação entre Voltaire e Rousseau encontra-se em um dos manuscritos do texto *Parallèle de Voltaire et de Rousseau*, publicado postumamente, cf. BERNARDIN DE SAINT-PIERRE. *La Vie et les ouvrages de Jean-Jacques Rousseau*. Éd. Maurice Souriau. Paris: Édouard Cornély, 1907, p. 20 [N.E.].

encontra um sólido apoio na rejeição rousseauniana da "cômoda filosofia dos felizes e dos ricos, que fazem seu paraíso neste mundo"[79]. Esta rejeição, como já indicamos, não significa, no entanto, uma simples opção moral, pois a "filosofia dos ricos e dos felizes" não é apenas má – é antes de tudo falsa. E a sua falsidade consiste em que, para fundar suas ideias de direito e de justiça, utilizam o direito e a justiça que encontram no mundo presente. Assim, pretendendo ir ao fundo das coisas, transformam em justo o que é apenas o existente, e convertem em prova o que deve ser questionado. O modo mais simples de chegar ao engano, nesta matéria, é tomar o fato pelo direito, e é esta a primeira e essencial acusação que Rousseau dirige a Grotius e a Montesquieu. No capítulo II do primeiro livro do *Contrato*, Rousseau escreve:

> Grotius nega que todo poder humano seja estabelecido em favor daqueles que são governados, e cita a escravidão como exemplo. Sua mais constante maneira de raciocinar é estabelecer sempre o direito pelo fato. Poder-se-ia empregar um método mais consequente, mas não mais favorável aos tiranos.[80]

---
[79] O.C. I, *Rousseau juge de Jean-Jacques*, Dialogue Troisième, p. 971.
[80] O.C. III, *Du contrat social*, I, 2, p. 352.

No *Emílio*, é a decepção diante de Montesquieu que se coloca em foco:

> O único moderno em condição de criar esta grande e inútil ciência [a do direito político] foi o ilustre Montesquieu. Mas ele não cuidou de tratar dos princípios do direito político. Contentou-se em tratar do direito positivo dos governos estabelecidos, e nada no mundo é mais diferente que estes dois estudos. Aquele, portanto, que deseje julgar, de modo são, os governos tais como existem é obrigado a reunir os dois: é necessário saber o que deve ser para bem julgar o que é.[81]

Estabelecendo o direito pelo fato, os filósofos transformavam, além disso, em "naturais", as ideias estabelecidas sobre o justo e o injusto, sobre o direito de propriedade e de domínio de uns sobre outros, sem explicar em que deveria consistir o seu caráter verdadeiramente "natural". O trabalho de Rousseau seria o de duvidar da naturalidade das noções adquiridas, e tentar "marcar, no progresso das coisas, o momento em que, sucedendo o direito à violência, a natureza foi submetida à lei", e explicar "por qual encadeamento de prodígios pôde o forte resolver-se a servir ao fraco, e o povo

---
81 O.C. IV, *Émile*, V, p. 836-837.

a comprar um repouso em ideia, ao preço de uma felicidade real".[82]

A crítica da vida social e a refutação das doutrinas que a justificam constituem, portanto, tarefas concorrentes e complementares. Desvendar a origem das instituições sociais é penetrar além da aparência tecida pelas crenças e costumes, assim como criticar as doutrinas que sustentam essas crenças e costumes é afastar o véu que nos separa da realidade. Essencialmente, a crítica dos jusnaturalistas e dos filósofos políticos antecipa a objeção que Marx dirige a Feuerbach, ao afirmar que

> este não vê que o mundo sensível circundante não é um dado da eternidade, sempre igual a si mesmo, mas que é o produto da atividade e da situação social; isto no sentido de que se trata de um produto histórico, resultado da atividade de uma série de gerações, [...] modificando sua ordem social segundo necessidades modificadas.[83]

Para pesquisar a origem da desigualdade, Rousseau não apenas é levado a ultrapassar os limites ideológicos presentes, mas a traçar, no interior do próprio discurso, a gênese das crenças sobre as quais repousa

---

82 O.C. III, *Discours sur l'origine de l'inégalité*, p. 132.
83 MARX, K. & ENGELS, F. *A ideologia alemã*. São Paulo: Martins Fontes, 2001, p. 43, no item A.2 - "Da produção da consciência" [N.E.].

o direito instituído. Ao classificar como "sujas" as "instituições civis onde o verdadeiro bem público e a verdadeira justiça são sempre sacrificados" a uma "ordem aparente", o filósofo não apenas denuncia um estado social, mas traça uma linha divisória entre um verdadeiro e um falso bem público, entre uma verdadeira e uma falsa justiça, entre uma ordem real e uma aparente. A organização social, tal como é dada historicamente, associa-se, portanto, ao erro, à falsidade, à possibilidade do engano, que se encontram espelhados nas doutrinas que justificam a ordem. Tal é a noção que Rousseau põe em jogo, ao declarar que sua tarefa consistirá em mostrar "como o forte pôde resolver-se a servir ao fraco" e o povo "a comprar um repouso em ideia, ao preço de uma felicidade real". Esta é a questão a ser esclarecida, e a resposta deverá indicar a natureza do poder e definir os pontos centrais da teoria política de Rousseau.

Se tal é, finalmente, o propósito da investigação rousseauniana, então devemos entender que a referência à imagem de Glauco, no prefácio do segundo *Discurso*, tem um duplo significado. De um lado, a estátua, deformada e recoberta de camadas superpostas, acumuladas com o tempo, representa o homem afastado de sua condição original. As camadas acrescidas à imagem escondem sua natureza original, e por isso, ela é quase irreconhecível. De outro lado, a estátua de Glauco representa o engano. Ao contemplá-la, não estamos, simplesmente, diante de uma aparência que nos esconde a natureza real do homem. *Estamos, isto sim, diante daquela aparência que nos é apresentada como a verdadeira e eterna condição humana.* Se isto acontece, então não é apenas o observador que se engana diante de Glauco: é o próprio Glauco, símbolo do homem, que se engana sobre si mesmo, e que foi ensinado a contemplar-se tal como a sociedade o formou e tal como ela deseja que ele se contemple. Pôr em questão a verdade de sua imagem é abandonar as crenças geradas pela vida social, e criar a possibilidade de uma investigação radical capaz de restabelecer a verdade. É o que mostra Rousseau, quase no fim da primeira parte do *Discurso*:

> Se tanto me estendi na suposição desta condição primitiva, foi porque, tendo antigos erros e prejuízos inveterados a destruir, julguei necessário cavar até a raiz, e mostrar, no verdadeiro quadro do Estado de Natureza, o quanto a desigualdade, mesmo natural, está longe de possuir tanta realidade e influência como pretendem nossos escritores.[84]

Restabelecer esta verdade, mostrando a distância entre o estado presente e o estado natural, é o primeiro passo para a redescoberta, já não da essência

---

84 O.C. III, *Discours sur l'origine de l'inégalité*, Première Partie, p. 160.

humana, mas de como foi possível que o homem chegasse ao desconhecimento de si mesmo, construindo no interior do seu espírito, um véu entre a aparência e a realidade. A história da desigualdade é, portanto, a história da alienação, da divisão do homem em real e aparente. Se toda ciência supõe, no seu ponto de partida, a distinção entre aparência e realidade, estamos, portanto, assistindo à gênese de um projeto científico. A partir de agora Glauco, que pensávamos conhecer, transforma-se em objeto de interrogação. Quem é realmente o homem? Qual sua verdadeira história? Como chegou a desconhecer-se?

2 Uma questão de método

A QUALIDADE DAS RELAÇÕES humanas é um produto histórico. Este é o ponto central da crítica aos jusnaturalistas, por Jean-Jacques Rousseau. Se quisermos, pois, avaliar as instituições sociais, devemos remontar para além do tempo presente e do quadro atual de nossa vida, em busca de um padrão de julgamento que não seja, ele mesmo, um produto da história. Isto significa: procurar, por trás do homem modificado, o homem da natureza, para termos a verdadeira medida de suas transformações e para bem distinguirmos, no homem atual, o que lhe pertence por essência e o que foi adicionado ao longo dos tempos.

Pois, como conhecer a fonte da desigualdade entre os homens, a não ser que se comece por conhecê-los a eles mesmos? E como chegará o homem a ver-se, tal como o formou a natureza, através de todas as mudanças que a sucessão dos tempos deve ter produzido em sua constituição original, e a separar aquilo que ele conserva de si mesmo daquilo que as circunstâncias e os seus progressos adicionaram ou mudaram em seu estado primitivo?[1]

A solução de Rousseau é, a primeira vista, intrigante e contraditória. De um lado, parece remeter-nos à observação e à história; de outro, ele se lança a um raciocínio quase inteiramente abstrato, renunciando à história, aos livros e aos fatos, pois "eles não tangem a questão"[2]. Sem decifrar esta aparente contradição, não podemos dar conta da metodologia nem do real significado do *Discurso sobre a origem e os fundamentos da desigualdade entre os homens*, nem tampouco, medir as suas pretensões reais e as condições de sua validade.

História, necessidade e paixão

Muitos textos mostram a importância que Rousseau atribui à observação. O *Emílio* é um deles. Tanto o livro segundo, em que se programa a educação da sensibilidade, como condição prévia do bem-pensar, quanto o livro quinto, em que se mostra a utilidade das viagens para a educação, constituem variações e desenvolvimentos de um mesmo tema essencial.

---

1 O.C. III, *Discours sur l'origine de l'inégalité*, Préface, p. 122.
2 O.C. III, *Discours sur l'origine de l'inégalité*, p. 132.

UMA QUESTÃO DE MÉTODO

O *Ensaio sobre a origem das línguas* e o *Discurso sobre a desigualdade* são também ricos em passagens nas quais a observação, a experiência e o recurso a história são valorizados. Já no prefácio ao segundo *Discurso*, encontramos, quase de imediato, a observação famosa:

> Seria mesmo necessário mais filosofia do que se possa imaginar, àquele que empreendesse determinar exatamente as precauções a tomar para fazer, sobre este assunto, sólidas observações; e uma boa solução do problema seguinte não me pareceria indigna de Aristóteles e dos Plínios de nosso século: que experiências seriam necessárias para chegar a conhecer o homem natural, e quais são os meios necessários para realizar estas experiências no meio da sociedade?[3]

Para Claude Lévi-Strauss, o segundo *Discurso* já contém o programa e os métodos da etnologia. E em seu comentário "Jean-Jacques Rousseau, fondateur des sciences de l'homme"[4], destaca com grande justiça, um longo trecho da nota X, que transcrevemos parcialmente:

---
[3] O.C. III, *Discours sur l'origine de l'inégalité*, Préface, p. 123-124.
[4] LÉVI-STRAUSS, C. "Jean-Jacques Rousseau, fondateur des sciences de l'homme". In: *Jean-Jacques Rousseau*. Neuchâtel: La Baconnière, 1962.

> Acho difícil conceber que, num século em que as pessoas se orgulham de belos conhecimentos, não se encontrem dois homens [...] dos quais um sacrifique vinte mil escudos de seus bens, e o outro dez anos de sua vida, para uma viagem célebre ao redor do mundo, para estudar não só pedras e plantas, mas, ao menos uma vez, os homens e os costumes [...]. Toda a terra coberta de nações, das quais só conhecemos os nomes, e nos metemos a julgar o gênero humano! Suponhamos um Montesquieu, um Buffon, um Diderot, um d'Alembert, um Condillac, ou homens dessa categoria, viajando para instruir seus compatriotas [...]. Suponhamos que esses novos Hércules, de volta destas viagens memoráveis, fizessem em seguida a história natural, moral e política do que tivessem visto; veríamos sair de suas penas um mundo novo, e aprenderíamos, assim, a conhecer o nosso.[5]

Buscar em outros mundos o conhecimento do nosso só pode parecer paradoxal. No entanto, nesta ideia está a chave para entender a importância que a observação e a história assumem para Rousseau. "Quando se quer estudar os homens – diz ele, no capítulo VIII do *Ensaio sobre a origem das línguas* – é preciso olhar em torno de si; mas, para estudar o

---

5 O.C. III, *Discours sur l'origine de l'inégalité*, Note X, p. 213-214.

homem, é necessário aprender a levar sua vista ao longe".[6] Somente a variedade pode ensinar-nos a descobrir o que há de verdadeiramente comum entre os homens, e o que lhes é essencial. Somente a visão e a análise da diversidade nos dará o conhecimento necessário para compreender por que os homens se transformam, assumindo feições diferentes em cada tempo, em cada meio e em cada sociedade; somente assim, portanto, podemos entender o porquê da organização de *nossa* sociedade particular.

Dou o mínimo possível ao raciocínio – diz Rousseau no *Emílio* – e não me fio senão na observação. Não me fundo sobre o que imaginei, mas sobre o que vi. É verdade que não encerrei minhas observações no cinto dos muros de uma cidade, nem de uma só ordem de pessoas. Mas, após haver comparado tantas ordens [*rangs*] e povos que pude ver, numa vida passada a observá-los, destaquei como artificial o que era de um povo e não de outro, de um Estado e não de outro, e não olhei como incontestavelmente pertencente ao homem senão o que era comum a todos, em qualquer idade, em qualquer posição e em qualquer nação que fosse.[7]

---

6 O.C. V, *Essai sur l'origine des langues*, VIII, p. 394.
7 O.C. IV, *Émile*, IV, p. 550.

A primeira e mais simples afinação sobre o que há de comum a todos os homens é que eles vivem num ambiente físico e são dotados de certas necessidades vitais, que precisam satisfazer. Os desafios de cada ambiente e as maneiras de prover as necessidades são variáveis. Tendo de encontrar respostas adequadas para problemas diversos, os homens desenvolvem relações diferentes com a natureza, e assim se transformam e se adaptam a cada situação. Esta é a primeira causa da variedade que observamos entre os povos. Tal é a tese desenvolvida no fragmento *A influência dos climas sobre a civilização*, e sustentada também no *Ensaio sobre a origem das línguas* e no *Discurso sobre a desigualdade*.

> Para seguir com proveito a história do gênero humano, para bem julgar a formação dos povos e suas revoluções, é preciso remontar aos princípios das paixões dos homens, às causas gerais que os fazem agir. Então, aplicando estes princípios e causas às diversas circunstâncias em que os povos se encontram, saberemos a razão do que fizeram, *e até o que deveriam ter feito, nas ocasiões em que os acontecimentos são menos conhecidos que as situações que os precederam*.[8]

---

8 O.C. III, *Fragments politiques*, "L'influence des climats sur la civilisation", p. 529 (grifo nosso).

UMA QUESTÃO DE MÉTODO

O texto sublinhado assemelha-se a uma velha fórmula, que desde Maquiavel os filósofos do mundo social vinham tentando introduzir, de uma ou de outra maneira: às mesmas causas, devem corresponder os mesmos efeitos. Se isto é verdade, então é possível introduzir certa previsibilidade no interior dos eventos humanos, desde que as causas sejam convenientemente dadas. Como Rousseau observa em outras passagens, estas causas são múltiplas e variadas, e nem sempre podem ser determinadas completamente.

Sem atingir os princípios e as causas das ações humanas, a história não tem qualquer utilidade prática ou intelectual, pois não chega a mostrar, finalmente, como os homens se colocam na dependência das coisas, e, "frequentemente, de seus semelhantes"[9].

As necessidades humanas, segundo a tese do fragmento, são de três ordens.[10] A primeira compreende as exigências mais fortes da natureza – aquelas que o homem deve sempre satisfazer, para que não pereça. Rousseau observa que as únicas necessidades desta classe são a nutrição e o sono. O segundo tipo corresponde mais a apetites, às vezes violentos, que podem, no entanto, não ser satisfeitos, sem ameaça à vida individual. Aí se inclui tudo o que nos agrada aos

---
9 O.C. III, *Fragments politiques*, "L'influence des climats sur la civilisation", p. 529.
10 O.C. III, *Fragments politiques*, "L'influence des climats sur la civilisation", p. 529-530.

sentidos. O terceiro tipo de necessidade, que, apesar de posterior aos outros, "não deixa de primar sobre os demais", é o que nasce da opinião. Seu objeto só existe no espírito humano: a reputação, a honra, a posição, a nobreza e assim por diante. Embora estas diferentes necessidades sejam "encadeadas umas às outras", somente quando as primeiras estão satisfeitas as demais se fazem sentir. A glória nada significa para o homem esfomeado.

A partir destas ideias, Rousseau tenta desenvolver, no fragmento, uma explicação da influência dos climas e da qualidade das terras sobre a formação dos diversos povos. No *Ensaio sobre a origem das línguas*, o mesmo princípio é retomado e colocado na base de toda a investigação, servindo para mostrar como os climas influem no desenvolvimento das paixões, na formação do caráter dos povos e na constituição de suas línguas. "Nos climas meridionais – diz Rousseau, no capítulo X –, onde a natureza é pródiga, as necessidades nascem das paixões; nos países frios, onde ela é avara, as paixões nascem da necessidade, e as línguas, filhas tristes da necessidade, se ressentem de sua dura origem".[11] O ambiente marcará a diferença das linguagens, e "as línguas modernas, cem vezes misturadas e refundidas, guardam ainda alguma coisa dessas diferenças"[12].

---

11 O.C. V, *Essai sur l'origine des langues*, X, p. 407.
12 O.C. V, *Essai sur l'origine des langues*, XI, p. 409.

No sul, as paixões são voluptosas, e os espíritos felizes e despreocupados, pois a natureza é generosa. No norte, as paixões são reprimidas e o trabalho toma o lugar do desejo, pois o mundo é hostil e a sobrevivência é a primeira e mais constante preocupação dos homens. Tais são as causas físicas da diferença entre as línguas primitivas: "as do sul deveram ser viva, sonoras, acentuadas, eloquentes, obscuras por força da energia; as do norte deveram ser surdas, rudes, articuladas, gritantes [criardes], monótonas, claras por força das palavras, mais que por uma boa construção".[13]

É no *Discurso sobre a desigualdade*, contudo, que temos a verdadeira medida de como o ambiente, as necessidades e as paixões determinam a evolução dos povos. Aqui, a teoria sobre as necessidades é formulada de modo algo diferente. Elas são classificadas em dois grupos: as naturais, decorrentes da constituição física do homem e de suas relações com o ambiente material, essencialmente análogas às dos animais; e as artificiais, que decorrem do progresso do entendimento e da multiplicação das paixões.

As paixões desempenham um papel crucial neste processo. Elas se originam ou das necessidades naturais ou das ideias que os homens possam conceber a respeito das coisas. Se derivassem unicamente das primeiras necessidades, as paixões seriam sempre as

---

13 O.C. V, *Essai sur l'origine des langues*, XI, p. 409.

mesmas; porém, como nascem também das ideias, e como as ideias progridem, as paixões podem multiplicar-se e abranger objetos cada vez mais distantes dos simples estímulos naturais. O avanço do entendimento e das paixões inscreve-se, portanto, num fluxo circular (ou, mais precisamente, em espiral): necessidade – paixão – conhecimento – paixão (necessidade artificial). Em termos mais modernos, a resposta produzida pelo entendimento realimenta os estímulos iniciais, isto é, as necessidades. Como consequência, podemos dizer que não apenas o progresso da razão é função das necessidades e paixões, mas que as necessidades e paixões, por sua vez, também são função dos progressos do entendimento (desde o instante em que ele passa a produzir respostas, isto é, desde que o homem abandona o círculo da pura animalidade). Chegamos assim, àquilo que chamaremos a *primeira lei geral da evolução humana*:

> É pela atividade das paixões que nossa razão se aperfeiçoa; [...] as paixões, por sua vez, originam-se das nossas necessidades, e progridem com os conhecimentos.[14]

Como as paixões e as necessidades passam a equivaler-se (as primeiras são o impulso que leva

---

14 O.C. III, *Discours sur l'origine de l'inégalité*, Première Partie, p. 143.

UMA QUESTÃO DE MÉTODO

o homem a prover as segundas), podemos utilizar, para efeito de representação, apenas duas ordens de variáveis, as necessidades e o entendimento, ou, alternativamente, o entendimento e as paixões. É o que faz Rousseau, ao determinar a relação entre as duas ordens de variações, formulando o que chamaremos *segunda lei geral da evolução humana*:

> Ser-me-ia fácil, se me fosse necessário, apoiar este sentimento pelos fatos, e fazer ver que, em todas as nações do mundo, *os progressos do espírito são precisamente proporcionados às necessidades que os povos receberam da natureza ou às quais as circunstâncias os sujeitaram, e, por conseguinte, às paixões, que os levam a prover a essas necessidades.*[15]

O sentido desta lei parece claro. O entendimento progride à medida que desafios mais altos se apresentam, exigindo um maior emprego da reflexão. Mas há outro pormenor, nesse mesmo texto, para o qual é necessário chamar a atenção. A expressão "precisamente proporcionados" encerra algumas consequências importantes para a compreensão do pensamento de Rousseau. A uma primeira abordagem, esta expressão pode representar, simplesmente, algo

---

15 O.C. III, *Discours sur l'origine de l'inégalité*, Première Partie, p. 143.

mais ou menos vago e genérico, tal como a ideia de que os progressos das luzes sempre estiveram "à altura" dos novos desafios. Se tentarmos precisá-la um pouco mais, perceberemos que ela supõe um padrão pelo qual possamos comparar a magnitude dos desafios e das respostas. Este padrão deve ser constante, para que se possa definir uma "proporção" precisa ou adequada, que daria a condição de equilíbrio entre os estímulos e as respostas, em cada situação. É esta noção de equilíbrio exatamente o que gostaríamos de ressaltar, pois é sobre ela que está centrada a teoria das transformações humanas, em Rousseau.

Rousseau concebe o movimento, ou transformação, como estado transitório, inteligível mediante uma referência a um ponto de partida e a um ponto de chegada, mas não como um estado que possa ser tão natural aos seres quanto o repouso.

Se o movimento é um processo que conduz de um estado A para um estado B, de um estado B para um estado C, e assim por diante, isto significa, de imediato, que cada um desses estados corresponde a um momento de repouso, ao menos temporário, que acaba sendo destruído e substituído por um novo. A destruição desses momentos – é o que afirma Rousseau, no *Discurso sobre a desigualdade* – não é um acontecimento necessário, pois o homem poderia ter parado a sua evolução em qualquer dos estágios, se uma multidão de causas fortuitas – entre as quais os funestos acasos – não interviesse para perturbar a ordem presente. A cada estímulo destruidor de um equilíbrio corresponde uma resposta que tenderá a criar uma nova ordem e um novo estado de repouso, que mais uma vez poderão ser rompidos, quando novas causas aparecerem. O momento original, no *Discurso sobre a desigualdade*, corresponde a um sistema perfeitamente ordenado em relação a um centro comum de harmonia, no qual todos os elementos se unificam. Rompida esta harmonia, uma nova forma de equilíbrio deverá surgir, mas o sistema já não será o mesmo: será um novo sustentado por uma nova relação. Cada momento será, portanto, a negação da ordem destruída, mas não a negação da ordem em sentido absoluto. Uma nova ordem será localizada, na análise rousseauniana, e o elemento básico do novo equilíbrio será o definidor da nova ordem.

A condição de equilíbrio entre o homem e o ambiente é a perfeita correspondência entre desejos, necessidades e recursos. Limitado às puras sensações, como os outros animais, o homem natural vive num horizonte reduzido aos acontecimentos imediatos de seu mundo. Seu primeiro sentimento é o da sua existência, seu primeiro cuidado, o da conservação. "Não desejando senão as coisas que conhece, e não conhecendo senão aquilo que pode ter, [...] nada deve ser tão tranquilo quanto sua alma, nem tão limitado quanto seu espírito."[16] Seus únicos desejos são

---

16 O.C. III, *Discours sur l'origine de l'inégalité*, Note XI, p. 214.

aqueles que a natureza lhe impõe, e que ela mesma pode prover. "Seus desejos não ultrapassam suas necessidades físicas, e os únicos bens que conhece, no universo, são o alimento, uma fêmea e o repouso".[17]

Abandonada à fertilidade natural, a terra proporciona abrigo e alimento, não precisando o homem, para sobreviver, preocupar-se mais do que qualquer outro animal. "Sendo o corpo do selvagem o único instrumento que ele conhece, ele o emprega para diversos fins, dos quais, por falta de exercício, os nossos são incapazes."[18] A imediatez das relações é total. Nenhum instrumento se coloca entre o corpo humano e o universo físico. Nenhum objeto presente, na consciência, a não ser aquele oferecido pela sensação atual. A modéstia das necessidades, facilmente satisfeita, e a regularidade do espetáculo natural, que mal atrai a atenção, fazem da vida um presente eterno.

Sem curiosidade, não exercita a imaginação. Sem imaginação, desconhece as dimensões da ausência, não tendo, portanto, nem história e nem futuro. "Sua alma, que nada agita, entrega-se unicamente ao sentimento da existência atual, sem nenhuma ideia do futuro, por mais próximo que seja, e seus projetos, limitados como sua visão, mal se estendem até o fim

---

17 O.C. III, *Discours sur l'origine de l'inégalité*, Première Partie, p. 143.
18 O.C. III, *Discours sur l'origine de l'inégalité*, Première Partie, p. 135.

do dia."[19] Esta observação vem apoiada, embora a prova não seja essencial, neste caso, em informes de viajantes: "Tal é, ainda hoje, o grau de previdência do caraíba: de manhã, vende seu leito de algodão; à noite, vem chorar para comprá-lo, por não haver previsto que dele precisaria para a noite próxima."[20] O projeto, portanto, como construção abstrata de um espírito que ultrapassa o aqui e o agora, lhe é desconhecido.

Tal é a simplicidade de suas relações com o mundo físico, simplicidade que se reproduz no contato com os seres sensíveis, homens ou animais, com os quais não há nenhum tipo de relação constante. Toda hipótese de perversidade é excluída destas relações, por absoluta *falta de função*. Mesmo admitindo-se que os homens lutem, quando desconhecidos se encontram na floresta, este fato ocorreria tão raramente que não constituiria um estado de conflito permanente. E, se o constituísse, não o seria no mesmo sentido em que se pode falar de guerra, no mundo civilizado, em que os homens podem julgar-se concorrentes e se dividem pelos seus projetos contraditórios. Se o primeiro impulso é o da conservação, há um outro, no entanto, que tende a aproximar o homem dos seres com os quais ele pode identificar-se. Este sentimento,

---

19 O.C. III, *Discours sur l'origine de l'inégalité*, Première Partie, p. 144.
20 O.C. III, *Discours sur l'origine de l'inégalité*, Première Partie, p. 144.

"que nos inspira uma repugnância natural por ver morrer ou sofrer todo ser sensível, principalmente nossos semelhantes"[21], é a piedade. É ele que estabelece o feliz equilíbrio entre os impulsos primitivos, impedindo que o homem, preocupado com sua conservação, se feche em si mesmo.

Se este sentimento, no primeiro estágio da existência humana, se estende a todos os homens, enquanto homens, ou apenas aos conhecidos, é uma questão que tem despertado dúvidas. Alguns imaginaram ver uma contradição entre o *Discurso sobre a desigualdade* e a seguinte passagem do *Ensaio sobre a origem das línguas*:

> Como nos deixamos levar à piedade? Transportando-nos para fora de nós mesmos, identificando-nos com todo ser sofredor Imagine-se quanto este transporte supõe, em matéria de conhecimentos adquiridos. Como poderia eu imaginar males dos quais não tenho nenhuma ideia? Como sofreria, vendo sofrer um outro, se ignoro o que há de comum entre mim e ele? Quem jamais refletiu não pode ser clemente, nem piedoso.[22]

Mas Rousseau vai além. Desconhecendo-os mutuamente, os homens "acreditavam-se inimigos uns

---

21 O.C. III, *Discours sur l'origine de l'inégalité*, Préface, p. 126.
22 O.C. V, *Essai sur l'origine des langues*, IX, p. 395.

aos outros [...]. Nada conhecendo, tudo temiam, e atacavam para defender-se"[23]. Incapaz de reflexão, o homem natural limitava-se a estender a piedade ao pai, ao filho, ao irmão, mas não à humanidade. Para Émile Durkheim, a contradição não existe. Rousseau não renega, no *Ensaio sobre a origem das línguas*, a teoria segundo a qual a piedade é um sentimento anterior à reflexão. Simplesmente afirma que, para dirigir-se a um objeto universal, ela deve apoiar-se num poder de abstração que o homem primitivo não possui. Quando muito, conclui Durkheim, "poder-se-ia ver no *Ensaio*, uma determinação e uma correção parcial da ideia desenvolvida no segundo *Discurso*"[24].

Sejam quais forem, de qualquer modo, estas relações, é importante assinalar que toda hipótese de perversidade natural é rejeitada, em qualquer dos casos, e assim negada a tese hobbesiana. O homem natural não é bom nem mau, e qualquer destas virtudes só pode ser pensada mediante uma referência à sociedade. No estado de natureza, nenhuma qualificação moral tem sentido, pois o homem desconhece tanto o bem quanto o mal. Por isso mesmo, este é o estado da "inocência". Os homens, neste estado, "não tendo, entre si, nenhum tipo de relação moral nem deveres conhecidos, não poderiam ser bons nem perversos,

---

23 O.C. V, *Essai sur l'origine des langues*, IX, p. 396.
24 DURKHEIM, E. *Montesquieu et Rousseau: précurseurs de la sociologie*. Paris: Marcel Rivière, 1953, p. 125.

e não tinham vícios nem virtudes"[25]. Qual o significado, pois, da famosa lenda do "bom selvagem", atribuída a Rousseau? – Nenhum, se atribuirmos à palavra *bom* um sentido moral. Que o homem é naturalmente bom, Rousseau o declara muitas vezes, ao longo do *Emílio*. Mas isto não contraria a tese da indiferença moral, no estado de natureza, se entendermos que o homem, para Rousseau, é apenas constitucionalmente bom, no mesmo sentido em que se pode afirmar que a criação é boa, porque vem de Deus. A fonte da bondade moral é certamente esta bondade ontológica, que faz o homem inclinar-se naturalmente para o bem e para a sua prática, antes mesmo de conhecê-lo, se a sua razão não estiver desenvolvida. Mas, assim como a bondade natural se refere a um certo tipo de relação espontânea entre o homem e a totalidade criada por Deus, a bondade moral será definida por uma espécie de relação entre os homens e seus semelhantes, quando estas relações forem regidas pelo entendimento e pelas leis da sociedade. Para que a bondade moral chegasse a surgir, no entanto, seria necessário que o homem se afastasse da ordem original, inscrita em seu coração. Este afastamento abre, ao mesmo tempo, a perspectiva do mal.

---

[25] O.C. III, *Discours sur l'origine de l'inégalité*, Première Partie, p. 152.

A importância do imaginário

Tendo mostrado que papel desempenharam, para a teoria rousseauniana, a história e a observação, resta explicar o sentido de sua recusa, na pesquisa do direito e da ordem naturais. No prefácio ao segundo *Discurso*, como já observamos, Rousseau proclama que, para cumprir seu propósito, renunciará: (1) aos livros, os quais, além de estarem em desacordo sobre o que seja a lei natural, têm todos um defeito comum: transportar à natureza noções adquiridas historicamente; (2) a investigar o desenvolvimento biológico do homem, pois o que importa é conhecê-lo já constituído; (3) finalmente, à história e aos fatos, pois não terão utilidade.

> Comecemos, pois, por descartar todos os fatos, pois eles não tangem a questão. Não é preciso tomar as pesquisas, nas quais se pode entrar quanto a este assunto, por verdades históricas, mas somente por raciocínios hipotéticos e condicionais, mais próprios para esclarecer a verdadeira natureza das coisas que a mostrar a sua verdadeira origem, e semelhantes àqueles que todos os dias fazem nossos físicos, sobre a formação do mundo.[26]

---

26 O.C. III, *Discours sur l'origine de l'inégalité*, p. 132-133.

Em nota à edição das *Œuvres complètes*, da Pléiade, Jean Starobinski assinala: "Para o leitor francês de 1755, a alusão concerne à *Théorie de la Terre*, de Buffon, e sem dúvida também ao *Essai de cosmologie*, de Maupertuis." Embora útil, a nota não indica o alcance real do compromisso metodológico assumido por Rousseau. Ao deixar de lado os fatos e a história para buscar a "verdadeira natureza" e não a "verdadeira origem" das coisas, o filósofo não está simplesmente abandonando a investigação empírica, mas apontando um caminho pelo qual se poderá construir um critério de leitura da própria experiência. Em outras palavras, está buscando, fora da história, a condição de inteligibilidade e de avaliação da própria história, pois é ela, afinal, que está colocada em questão. O que a observação nos ensinou, até aqui, é que a transformação do homem se processa como resposta a necessidades, reais ou artificiais, impostas pelo ambiente. Que necessidades, contudo, poderiam fazer que o homem abandonasse o estado primitivo, para excluir até a vida social? Que circunstâncias poderiam ter dado origem à forma e a organização desta mesma sociedade? O que a observação e a história nos trazem é, antes de mais nada, a possibilidade de construir, de modo negativo, o conceito de estado natural.

Suponde – diz Rousseau no *Ensaio sobre a origem das línguas* – uma primavera perpétua sobre a terra; suponde os homens, mal saídos das mãos da natureza, dispersos por tudo isso; não imagino como teriam renunciado à liberdade primitiva e deixado a vida isolada, tão conveniente à sua indolência natural.[27]

E, em outro lugar: "anos estéreis, invernos longos e rudes, verões abrasantes, que tudo consomem, exigiram deles uma nova indústria"[28].

Trata-se, portanto, de imaginar o homem num estado de verdadeiro repouso, em que nada o solicitasse além da pura vida instintiva. Quais seriam, neste estado, os seus sentimentos, os seus desejos, as suas preocupações? Que tipo de direito existiria, para este homem? Tais são as perguntas que devem ser respondidas, antes que tentemos explicar como pôde o homem chegar a ser o que é, e quais as circunstâncias que deveriam tê-lo conduzido a construir a história como a conhecemos. O que buscamos, acima de tudo, é um padrão, que nos permita compreender o mundo presente e julgar o seu valor. Um padrão não corresponde necessariamente a uma realidade empírica. Por isto, falando do estado de natureza, Rousseau a ele se refere como "algo que não existe mais, que talvez jamais tenha existido, e do qual, no entanto, é necessário ter noções justas,

---
27 O.C. V, *Essai sur l'origine des langues*, IX, p. 400-401.
28 O.C. III, *Discours sur l'origine de l'inégalité*, Seconde Partie, p. 165.

para bem julgar nosso estado presente"[29]. Depois de havermos colhido, na própria história, as primeiras indicações sobre como se formam os povos, vamos realizar o caminho inverso, para acompanhar, de modo imaginário, esta mesma formação. Nosso ponto de partida, contudo, estará além daquele aonde pudemos chegar, em nossas observações. A decifração final da história deverá resolver-se, portanto, num tempo abstrato, da mesma forma como a decifração do mundo físico, a partir da mecânica clássica, viria resolver-se no espaço geométrico e não mais no espaço da experiência.

Ao comentar esta passagem, Émile Durkheim pretende ver uma semelhança entre este método e o cartesiano, pois "um e outro julgam que a primeira operação da ciência deve consistir numa purgação intelectual, que resulta em expulsar do espírito todos os julgamentos que não foram cientificamente demonstrados, de maneira a obter as proposições evidentes, das quais todas as outras devem derivar-se"[30]. O paralelo é atraente, mas apenas parcialmente verdadeiro. Se há uma purgação intelectual, no caso de Rousseau, ela consiste unicamente na rejeição dos dados da história como "naturais", e das crenças básicas da vida social como verdadeiras, do que resulta a crítica da ideologia dominante. Cumprida

---
29 O.C. III, *Discours sur l'origine de l'inégalité*, Préface, p. 123.
30 DURKHEIM, E. *Montesquieu et Rousseau*, op. cit., p. 119 e 120.

esta primeira etapa, a purgação seguinte já não é da consciência, mas do objeto a ser conhecido. Tal depuração corresponde ao abandono de todos os predicados humanos inessenciais, para concentrar-se apenas naqueles sem os quais o homem seria inconcebível. Em certo sentido, a imagem do homem assim obtida é, como sugere Durkheim, uma primeira proposição evidente. Mas a operação pela qual se produz esta primeira proposição não é a suspensão dos juízos sobre o mundo sensível e o conhecimento adquirido. A recusa, não só dos livros, mas também do conhecimento histórico e da observação, decorre principalmente da convicção de que nenhum dado relevante ali se poderia encontrar, para a construção da imagem desejada.

Quanto a isto, Durkheim estaria de acordo, pois observa, com precisão, que o próprio selvagem, para Rousseau, representa apenas imperfeitamente o homem natural. A rejeição dos "dados" desempenha, portanto, função diferente da dúvida cartesiana. Destina-se, de um lado, a obter aquilo que só pode ser *construído*, e não observado; de outro, a reconstruir, apenas com os elementos essenciais, para melhor compreensão, a gênese provável dos fenômenos a serem explicados.

A idealização do homem no estado de natureza implica em um salto, que não poderia ser evitado, mesmo que observássemos um selvagem despojado de quase todas as suas luzes e de quase todas as modificações que decorrem, necessariamente, do abandono da vida instintiva. Ainda que encontrássemos tal selvagem, seria necessário supô-lo num estado ainda mais simples, colocando-o num ambiente de tal modo propício à vida humana, que os obstáculos a superar fossem nulos ou insignificantes, e certamente insuficientes para levá-lo à reflexão. Este homem e esta natureza não existem, e não é certo que tenham existido em algum tempo – esta é a suposição de Rousseau. O homem natural não é, portanto, um homem do passado, ainda que de um passado remoto, mas um homem ideal cuja existência não é afetada por qualquer influência modificadora. Este homem existe, de certo modo, no *vazio* – um vazio que o filósofo irá preenchendo, aos poucos, como numa experiência controlada. Para viver nesse mundo ideal, o selvagem não precisa senão de seus instintos, e as únicas leis que conhece são aquelas inscritas em seu coração – leis anteriores ao entendimento. Sendo leis do coração e não da razão, elas podem, portanto, falar imediatamente pela voz da natureza – e esta é a exigência de Rousseau, para reconhecer, num mandamento, o caráter natural. Ao introduzir elementos novos, o investigador rompe o equilíbrio e a ordem do quadro construído. A imagem concebida originalmente como um modelo estático, põe-se em movimento, e a história provável das transformações humanas começa a desfilar perante o filósofo; às vezes seu curso se interrompe, pois nenhum fator necessário se apresenta visível; mas o investigador tem liberdade para supor uma causa fortuita – um funesto acaso – e a cadeia se reconstitui.

Basicamente, o método utilizado por Jean-Jacques nem era novo, no seu tempo, nem se tornou, mais tarde, obsoleto. Todo mundo imaginário do *Discurso sobre a desigualdade* não é senão aquilo que hoje chamamos um modelo abstrato. A mecânica clássica foi a primeira ciência moderna a empregá-lo, de modo amplo e constante. Em nosso tempo, as ciências humanas enveredaram, decididamente, pelo mesmo caminho, e nenhuma fez de modo tão amplo e fecundo quanto a Teoria Econômica.

3 Uma questão de ordem

Para o professor Gerhard Lenski, "a maior parte das teorias modernas da desigualdade pode incluir-se numa ou noutra de duas categorias principais. As que surgem da tradição conservadora são classificadas, na atualidade, como teorias *funcionalistas*. As que provêm da tradição radical se denominam, geralmente, teorias do *conflito*."[1]

Acreditamos que Jean-Jacques Rousseau esteja ligado não a uma, porém às duas correntes, ao mesmo tempo, o que constitui um dos mais sérios obstáculos à sua interpretação. Pela metafísica da ordem e do equilíbrio, somada à sua teoria das transformações humanas, podemos chamá-lo funcionalista. Pelas ideias desenvolvidas na segunda parte do *Discurso sobre a desigualdade*, onde já encontramos uma visão das lutas de classe, podemos incluí-lo entre os teóricos do conflito. Como conciliar estas duas tendências? Nossa opinião é que a conciliação se produz,

---

1 LENSKI, G. *Poder y privilegio*. Buenos Aires: Paidos, 1969, p. 29.

em Rousseau, na medida em que uma das tendências consegue assimilar a outra, conferindo-lhe um papel importante, porém subordinado. A teoria dominante foi a funcionalista – a teoria da ordem e do equilíbrio, a mesma que prevalece no *Contrato social*.

A força da opinião

A teoria do poder de Jean-Jacques Rousseau não é propriamente original, enquanto reproduz as concepções contratualistas. É inovadora, no entanto, na medida em que ao descrever o pacto formador da sociedade civil, o filósofo adiciona às antigas teorias um novo elemento: a alienação, representada pelo autodesconhecimento das classes dominadas.

Antes de Rousseau, David Hume havia escrito que "nada se afigura mais surpreendente, aos que consideram os negócios humanos sob um ponto de vista filosófico, do que a facilidade com que os muitos são governados pelos poucos, e a submissão implícita com que os homens abrem mão dos próprios sentimentos e paixões, em favor dos governantes". A resposta de Hume é que, "como a força está do lado dos governados, os governantes somente têm, para sustentá-los, a opinião. Por conseguinte, o governo se baseia tão-somente na opinião, e tal máxima se estende tanto aos governos mais despóticos e mais militares, quanto aos mais livres e mais populares".[2]

Rousseau poderia ter subscrito estas palavras, mas deste ponto em diante, sua teoria se torna muito menos cômoda que a de Hume. Enquanto este procura definir a "opinião" em função de várias classes de interesses que possam mover os homens, Rousseau tentará mostrar que a "opinião" que sustenta os governos está fundamentalmente associada ao engano e nunca ao real interesse que os dominados pudessem prescrever-se, com pleno conhecimento de causa. A famosa passagem inicial da segunda parte do *Discurso sobre a desigualdade* já nos traz uma indicação: "O primeiro que, tendo cercado um terreno, decidiu dizer 'isto é meu', e encontrou gente bastante simples para acreditar nele, foi o verdadeiro fundador da sociedade civil."[3] No início do *Discurso*, havia observado: "Contemplando a humanidade com um olhar tranquilo e desinteressado, ela não parece mostrar, de início, senão a violência dos poderosos e a opressão dos fracos: o espírito se revolta contra a dureza de uns, e é levado a deplorar a cegueira de outros"[4]. Nos dois textos há elementos comuns: a cegueira e a simplicidade dos que sofrem a opressão e dos que aceitaram a instituição da propriedade e da sociedade civil. Esta mesma simplicidade e cegueira

---

2 HUME, D. *Ensaios filosóficos*. São Paulo: Ibrasa, 1963, p. 24.
3 O.C. III, *Discours sur l'origine de l'inégalité*, Second Partie, p. 164.
4 O.C. III, *Discours sur l'origine de l'inégalité*, Préface, p. 126-127.

é o que pode dar força ao domínio de alguns e às leis em que se cristaliza a desigualdade. Pois não é outra a função das leis: o seu espírito universal – diz Rousseau noutra passagem – "é favorecer sempre o forte contra o fraco, e aquele que tem contra aquele que nada possui; este inconveniente é inevitável, e sem exceção"[5]. E, em outro ponto:

> vejo povos que gemem sob um jugo de ferro, o gênero humano esmagado por um punhado de opressores, uma multidão sobrecarregada de sofrimento e de fome, da qual o rico bebe em paz o sangue e as lágrimas, e em toda parte o forte armado contra o fraco do temível poder das leis.[6]

As leis, cujo "temível poder" é empregado pelos fortes, contra as multidões de fracos, surgem como solução para o estado de conflito entre ricos e pobres, após a criação da propriedade. O pacto social, que iria estabelecer as leis civis, representa, para a sociedade como um todo, uma espécie de acordo de paz. No entanto, não constitui, na realidade, senão o último e mais poderoso ato de guerra, pelo qual um dos lados se torna efetivamente vitorioso, resignando-se o outro a abandonar a guerra e a respeitar o solo pelo qual antes lutava. Clausewitz[7] define a

---
5 O.C. IV, *Émile*, IV, p. 524 (nota).
6 O.C. III, *Que l'état de guerre nait de l'état social*, p. 609.
7 Carl von Clausewitz (1780-1831), general prussiano e teórico da

guerra como "um ato de força pelo qual procuramos obrigar o adversário a submeter-se à nossa vontade". Dez parágrafos adiante, acrescenta: "A descoberta da pólvora e o aperfeiçoamento incessante das armas de fogo bastariam, sozinhos, para mostrar que o progresso da civilização em nada enfraqueceu a tendência à aniquilação do inimigo, que é inerente à guerra". Em Rousseau, a guerra anterior ao pacto é ganha por uma arma infinitamente mais poderosa do que a pólvora e as armas de fogo.

Destituído de razões válidas para justificar-se, e de forças suficientes para defender-se; esmagando facilmente um particular, mas esmagado ele mesmo por tropas de bandidos; só contra todos, e não podendo, por causa das invejas mútuas, unir-se com seus iguais contra inimigos unidos pela esperança comum de pilhagem, o rico, premido pela necessidade, concebeu enfim o projeto mais refletido que jamais entrou no espírito humano: empregar em seu favor também as forças que o atacavam; fazer, de seus adversários, seus defensores, inspirar-lhes outras máximas e dar-lhes outras instituições, que lhe fossem tão favoráveis quanto o direito natural que lhe era contrário.[8]

---

guerra. As passagens citadas encontram-se no capítulo intitulado "O que é guerra?", no livro I de sua obra *Vom Kriege* [Da guerra], publicada postumamente [N.E.].
8 O.C. III, *Discours sur l'origine de l'inégalité*, Sec. Partie, p. 177.

Em seguida, vêm os argumentos com que se poderia ter convencido a todos de que a instituição da lei lhes era favorável. E Rousseau comenta, finalmente, que bastaria bem menos que o "equivalente desse discurso para convencer homens grosseiros, fáceis de seduzir, que, além disso, tinham muitos casos a resolver, entre si, para poderem viver sem árbitros, e muita avareza e ambição para poderem muito tempo viver sem senhores"[9].

A instituição do contrato, nesta forma original, mostra a forma requintada, por excelência, de aniquilar o adversário: não fazê-lo render-se, nem destruí-lo, mas conseguir que sua vontade queira, ela mesma, aquilo que a vontade mais forte lhe prescreve. Nesta luta entre vontades e inteligências, o campo de batalha não é o presente, mas o futuro, e o vencedor é o mais capaz de enxergar longe. Assim,

> todos concorrem para diante de seus ferros, crendo assegurar sua liberdade; porque, com razões bastantes para sentir as vantagens de um estabelecimento político, eles não tinham bastante experiência para prever-lhe o perigo. Os mais capazes de pressentir os abusos eram precisamente aqueles que contavam aproveitar-se disso.[10]

---

9 O.C. III, *Discours sur l'origine de l'inégalité*, Sec. Partie, p. 177.
10 O.C. III, *Discours sur l'origine de l'inégalité*, Seconde Partie, p. 177-178.

UMA QUESTÃO DE ORDEM

O resultado dos abusos é descrito, na segunda parte do *Discurso*, como a longa evolução da desigualdade, até que, finalmente, impossibilitada qualquer ordem, porque as oposições entre os homens chegaram ao extremo, eles atingem uma espécie de segundo estado de natureza, tornando-se iguais todos os particulares, pois já não são nada diante do senhor, que não tem outra regra senão as suas paixões.

Na base do poder, o que se encontra, pois, não é a força pura e simples, que, não fundando o direito, não pode oferecer qualquer garantia definitiva a quem nela se apoie, nem bastaria para pôr fim ao estado de guerra, nem para conduzir a minoria à posição de mando. Antes de tudo, o que fundamenta o poder é uma certa relação entre consciências, que estabelece o assentimento comum à forma do contrato. No segundo *Discurso* esta forma de relação está presente, e pressupõe uma sorte de desnível entre as consciências contratantes. Este desnível se revela, basicamente, na diferente capacidade de previsão, na percepção que cada parte possui de seus interesses reais, e na capacidade de persuasão. O instrumento político por excelência é a linguagem, e os seus próprios caracteres físicos – a plasticidade, a sonoridade, o vigor – serviriam para mostrar, no *Ensaio sobre a origem das línguas*, as diferenças entre as formas políticas: há línguas próprias para o gabinete, como há línguas adequadas para as praças públicas. Lévi-Strauss, em

Tristes trópicos, e Jacques Derrida, em *Da gramatologia*, tentam mostrar como a linguagem pode ser uma fonte de diferenciação no interior de um grupo social, e como ela pode converter-se num instrumento de violência, que assegure o domínio de uns homens sobre outros. Tal é, em Rousseau, a descrição de como se institui a sociedade civil: o instrumento essencial é o discurso, que estabelece a crença na utilidade e na universalidade da lei.

Toda ordem social, mesmo injusta, deve basear-se, para ser injusta, numa crença pela qual os dominados se conformem em permanecer no seu estado. Toda ordem social deve, pois, basear-se num princípio de *legitimidade*, e mesmo o pacto social descrito no segundo *Discurso* se inclui nesta regra. A legitimidade do pacto é dada pela adesão real, por parte dos contratantes, à proposta de uma nova ordem, que substituirá o estado de guerra. Falando sobre os progressos da desigualdade, afirma Rousseau:

> Se seguirmos os progressos da desigualdade, nestas diferentes revoluções, encontraremos que o estabelecimento da lei e do direito de propriedade foi seu primeiro termo; a instituição da magistratura, o segundo; que o terceiro e último foi a *mudança do poder legítimo em poder arbitrário*; de tal forma que o estado de rico e de pobre foi autorizado pela primeira época; o de forte e de fraco, pela segunda; pela terceira, o de senhor e

de escravo, que é o último grau da desigualdade, e aquele onde terminam, enfim, todos os outros, até que novas revoluções dissolvam de uma vez o governo ou o reaproximem da instituição legítima.[11]

O que esse texto nos mostra é que a autoridade não é ilegítima na medida em que coexiste com a desigualdade, mas que pode chegar a sê-lo no instante – e só aí – em que ultrapassa os limites daquilo que os homens se dispuseram a aceitar. O capítulo I do *Contrato social* reforça a mesma ideia: "O homem nasceu livre, e em toda parte está a ferros. Tal se crê o senhor dos outros, que não deixa também de ser escravo. Como pôde operar-se esta mudança? Ignoro. Que pode torná-la legítima?"[12] A resposta virá em seguida[13]: se um povo é simplesmente constrangido a obedecer, nada o obrigará a continuar nesse estado desde que possa "sacudir o jugo". No entanto, a "ordem social é um direito sagrado", do qual emanam todos os demais. Este direito não vem da natureza; "é, portanto, fundado sobre *convenções*". Se a força, que é apenas uma realidade natural, não estiver ligada a um direito, não bastará para manter-se; mas, para que se ligue a um direito, é necessário que a sociedade o tenha convencionado. No capítulo III do livro primeiro, Rousseau volta ao mesmo

---

11 O.C. III, *Discours sur l'origine de l'inégalité*, Sec. Partie, p. 187.
12 O.C. III, *Du contrat social*, I, 1, p. 351.
13 O.C. III, *Du contrat social*, I, 1, p. 352.

tema: "ceder à força é um ato de necessidade, não de vontade; é, ao menos, um ato de prudência. Em que sentido poderá ser um dever?"[14] Como a força não funda o direito, será necessário que o direito funde o uso da força. Neste caso, obedecer-lhe poderá ser um ato de dever. "Convenhamos, portanto, em que a força não faz direito, e que não se é obrigado a obedecer senão aos poderes legítimos"[15], que só podem ser atribuídos à autoridade resultante da convenção, como será reafirmado no primeiro parágrafo do capítulo seguinte. O conceito de legitimidade, em Rousseau, exerce uma função semelhante à que Weber lhe atribui (o que não vincula Weber, de forma alguma, ao contratualismo). A legitimidade depende do conjunto das crenças necessárias para instituir o direito e fornecer o suporte final para o exercício e a própria existência de uma autoridade estável.

De acordo com a experiência – diz Weber – nenhuma dominação se contenta voluntariamente em possuir, como probabilidades de sua persistência, motivos puramente materiais, afetivos ou racionais com relação a valores. Antes, todas procuram despertar e fomentar a crença em sua *legitimidade*. Segundo seja a *classe* de legitimidade pretendida, é fundamentalmente diferente

---

14 O.C. III, *Du contrat social*, I, 3, p. 354.
15 O.C. III, *Du contrat social*, I, 3, p. 355.

tanto o tipo da obediência como o do quadro administrativo destinado a garanti-la, como o caráter que toma o exercício da dominação.[16]

Como em Weber, o conceito de "legítimo" em Rousseau não é uma ideia de valor assumida *pelo filósofo*, mas um instrumento descritivo e explicativo, que se refere aos valores assumidos *pelos grupos humanos considerados como objetos de pesquisa*. A insistência de Rousseau, neste conceito, destina-se a demonstrar que, se as sociedades degeneradas e violentas puderam surgir, em algum momento, foi graças a uma adesão que as tornava legítimas em sua forma primitiva. Se outra sociedade, mais justa e perfeita, tiver de ser fundada, ela não poderá nascer senão da mesma forma que todas as demais, isto é, a partir de um contrato, de que todas as vontades participem. A diferença entre esta e as demais sociedades residirá, inicialmente, na qualidade do contrato, que não deixará margem para que venha a tornar-se ilegítima, no futuro. Esta margem, que existiu nos demais contratos, era a desigualdade, que tenderia a aumentar a distância entre os homens e a trazer cada vez mais força àqueles que dispusessem de maiores recursos. Com isto, a desigualdade se tornaria a causa da perda da liberdade, colocando uns homens

---

16 WEBER, M. *Economía y Sociedad*. México: Fondo de Cultura Económica, 1969, p. 170.

na dependência de outros. Eis por que Rousseau não pode conceber a liberdade sem a igualdade, já que, inexistindo a segunda, a primeira logo acabará por desaparecer.

A força da lei

A condição da liberdade, que deve ser garantida pela igualdade, consiste, pois, em que não haja dependência de uns homens em relação a outros. O homem pode depender das coisas, sem deixar de ser livre; mas não pode depender de seus semelhantes. No estado natural, o homem não depende senão das coisas e não está submetido senão às leis inflexíveis do mundo físico.

Como conceber, no entanto, uma sociedade sem leis e sem autoridade? A conciliação da autoridade e da liberdade é talvez o maior paradoxo que a filosofia política deve resolver. E em nenhum outro autor este paradoxo se mostra de modo tão claro e tão forte quanto em Rousseau. Se o homem é livre na medida em que depende das coisas e não de seus semelhantes, a condição de sua liberdade civil será dada por suas leis tão universais e tão inflexíveis como as leis da natureza, para que todos os homens somente delas dependam. Entregando-se todos à lei, ninguém terá de entregar-se aos seus concidadãos, e os interesses particulares já não terão como influir no curso da vida, pois a lei deve cuidar apenas dos interesses gerais. Trata-se pois de construir, pelo uso da razão, um mundo artificial que reproduza, em sua essência, o reino da natureza; um mundo em que os homens se integrem perfeitamente, renunciando à liberdade natural e passando a viver em função do todo. Tal será a condição da liberdade civil, o que não é outra coisa senão afirmar que cada cidadão deve alienar integralmente o eu particular ao todo formado pelo corpo civil, de modo a constituir uma nova unidade moral, dotada de uma vontade unificada e todo poderosa. Tal é o sentido do projeto contido no capítulo 6 do livro I do *Contrato social*: "encontrar uma forma de associação que defenda e proteja, com a força comum, a pessoa e os bens de cada associado, e pela qual, cada um se unindo a todos, não obedeça entretanto senão a si mesmo e permaneça tão livre quanto antes".[17] Unir-se a todos significa engajar e alienar, "sem reserva", todas as suas forças e a sua liberdade, de tal forma que, a partir da união, a força e a liberdade de cada homem não provenha senão da força e da liberdade totais que pertencem ao corpo político. A liberdade não desapareceria, portanto, com a alienação total de cada particular; apenas a liberdade natural, ou *liberdade de independência*, para reproduzir a expressão de Sergio Cotta, seria transformada em liberdade *legal*, que não é senão uma

---

17 O.C. III, *Du contrat social*, I, 6, p. 360.

participação na liberdade de todo o corpo político. Esta participação se expressa pela adesão à vondade geral, que não deve ser entendida como a soma das vontades particulares, mas como a vontade de uma nova entidade moral, de uma nova personalidade coletiva, "composta de tantos membros quantos sejam os votos da assembleia, a qual recebe, por este mesmo ato [o da criação], sua unidade, seu eu comum"[18].

O que vemos, portanto, é que Rousseau toma um caminho inteiramente oposto ao do liberalismo. Enquanto para os liberais o mundo da liberdade se constrói pela valorização do indivíduo e pela atomização da sociedade, assim como pela criação de uma esfera de vida privada da qual os demais cidadãos e o Estado devem ser expulsos, na medida do possível, em Rousseau o que vemos é a eliminação máxima da existência individual e mesmo associativa, na medida em que os grupos particulares possam concorrer com o Estado, que representa o verdadeiro "eu" e a verdadeira vontade dos cidadãos. Como observa J. D. Mabbott,

> há um verdadeiro paralelismo entre esses pontos de vista e a concepção da imanência divina na alma humana. Como somente essa última concepção pode considerar o serviço de Deus como "liberdade perfeita", assim também, em teoria política, esse

---
18 O.C. III, *Du contrat social*, I, 6, p. 361.

ponto de vista permite considerar as exigências e ordens do Estado como a voz do meu eu superior e não como a tirania de uma força externa.[19]

Daí ser possível, a Rousseau, declarar que, quando um homem não se adequar à vontade geral, será possível "obrigá-lo a ser livre"[20]. Forçando-o a aderir à vontade geral, nós o reconduzimos ao seu eu verdadeiro e à sua vontade real, logo, à sua verdadeira liberdade. Não entraremos, aqui, na discussão de como podem os homens reconhecer a voz da vontade geral, embora este ponto seja de importância para uma discussão exaustiva do *Contrato*. Tal debate, contudo, interessaria mais propriamente a uma investigação sobre as condições concretas de realização da sociedade descrita na obra. Nosso propósito é outro, e consiste em mostrar que o *Contrato*, o segundo *Discurso* e a *Profissão de fé* se articulam graças à presença, nas três obras, de algumas ideias centrais da metafísica rousseauniana. Nesta última parte, nossa intenção principal é enfatizar a maneira como as ideias de lei, de ordem e de totalidade reaparecem no *Contrato*, como princípios normativos, sobre os quais se assenta a semidivinização da autoridade soberana. As ideias de uma vontade suprema que cria as leis, da bondade entendida como adesão

---

[19] MABBOTT, J. D. *O Estado e o Cidadão*. Rio de Janeiro: Zahar, 1968, p. 174.
[20] O.C. III, *Du contrat social*, I, 7, p. 364.

à ordem, e da liberdade moral como liberdade de sujeitar-se à norma do conjunto ordenando-se o indivíduo em relação ao todo, e não ordenando o todo em relação a si, constituem a essência tanto da religião natural quanto da doutrina política. A diferença básica consiste em que, na passagem do plano teológico e metafísico para o político, Deus é de certo modo suprimido e substituído por uma nova entidade ordenadora: já não é buscando a lei natural (lei divina) em seu coração que o homem pode avaliar a bondade de seus atos, mas reportando-se à vontade geral.

De certo modo, o capítulo sobre a religião civil, na parte final do *Contrato*, serve como explicitação definitiva dessas articulações que assinalamos no parágrafo anterior. A religião civil, com seu pequeno conjunto de dogmas[21], supera a distinção entre o espiritual e o temporal, completando as condições de unidade do corpo político, comprometida historicamente pelo cristianismo: "Jesus – escreve Rousseau –, ao separar o sistema teológico do sistema político, fez com que o Estado deixasse de ser uno e causou as

---

21 O.C. III, *Du contrat social*, IV, 8, p. 486. O texto é o seguinte: "Os dogmas da religião civil devem ser simples, em número pequeno, enunciados com precisão, sem explicações nem comentários. A existência da divindade poderosa, inteligente, benfazeja, previdente e providente, a vida futura, a felicidade dos justos, o castigo dos maus, a santidade do contrato social e das leis: eis os dogmas positivos. Quanto aos dogmas negativos, eu os limito a um só: a intolerância. Ela se liga aos cultos que excluímos."

divisões internas que jamais deixaram de agitar os povos cristãos"[22].

Neste ponto, devemos colocar numa perspectiva mais ampla algumas posições aparentemente contraditórias, assumidas nos diversos textos em que Rousseau expõe suas opiniões sobre a religião e a política. De um lado, vimos que a religião e a metafísica rousseaunianas nascem de uma afirmação da liberdade do entendimento e da consciência, e, portanto, de um movimento de oposição à intolerância. De outro, verificamos que, ao discutir as condições de existência de uma sociedade livre e justa, Rousseau é levado a anular – ou quase anular – a separação da vida em dois planos, o social e o individual. A restrição colocada pela palavra "quase", no período anterior, é praticamente desprovida de significado. Segundo Rousseau, o direito que o pacto confere ao soberano "não ultrapassa os limites da utilidade pública"[23]. Além disso, "os súditos não têm de prestar contas de suas opiniões ao soberano, a não ser na medida em que essas opiniões interessem à comunidade"[24]. Mas é verdade, também, como fica perfeitamente claro ao longo de todo o livro, que é a vontade geral – expressão do soberano – quem determina o que interessa ou não ao corpo social. Por isso mesmo, a religião civil deve acabar por assumir

---

22 O.C. III, *Du contrat social*, IV, 8, p. 462.
23 O.C. III, *Du contrat social*, IV, 8, p. 467.
24 O.C. III, *Du contrat social*, IV, 8, p. 467-468.

um papel dominante, no conjunto das crenças dos cidadãos, embora seus artigos de fé não devam ser entendidos "precisamente como dogmas de religião, mas como sentimentos de sociabilidade"[25]. É evidente que a hipótese de convivência entre a religião particular e a religião civil mal se sustenta no contexto do *Contrato*. É no plano social, e não no individual, que Rousseau coloca a salvação e a possibilidade de uma vida moral: é na vida coletiva, e não na esfera privada, que se pode realizar a "ordenação em relação ao todo"[26], que caracteriza a bondade e a justiça.

Como podem conviver, na mesma obra, o racionalismo individualista, que encontramos no início da *Profissão de fé* e noutros textos que mencionamos (como, por exemplo, a *Carta a d'Alembert*), e a valorização da religião civil? No plano teórico, ao menos, a contradição pode desfazer-se. Já mencionamos o paralelismo entre a construção das ideias centrais do *Contrato*. Num e noutro texto, a atividade da razão é simplesmente o caminho que conduz à descoberta de que não há bondade a não ser na submissão à ordem e no respeito à lei – ordem e lei naturais, no primeiro caso, ordem e lei construídas pela coletividade, no segundo. Na *Profissão de fé*, o entendimento que se proclama autônomo acaba por dobrar-se diante de um Deus ordenador do universo. No *Contrato*, é

---

25 O.C. III, *Du contrat social*, IV, 8, p. 468.
26 Cf. O.C. IV, *Émile*, IV, p. 602.

o indivíduo que troca a *independência natural* pela *liberdade moral*, integrando-se numa ordem regida pela vontade do corpo político.

É no plano concreto que devem manifestar-se as dificuldades contidas, em germe, no interior da doutrina rousseauniana. Não pensamos, aqui, nas dificuldades relativas à construção de um sistema em que se elimine, quase por completo, a oposição entre a vida particular e a vida social. A técnica do exercício do poder tem propiciado, pelo seu desenvolvimento no último meio século[27], respostas eficazes a esse tipo de problema. O que preocupava Rousseau, no entanto, não era a simples questão técnica de produzir comportamentos uniformes e submissos, mas, antes de tudo, o problema doutrinário de como garantir um lugar para a liberdade no espaço definido pelas relações humanas. Mais que isso – ele estava certo de que a liberdade não seria possível a não ser no universo político. Foi por isso mesmo que o *Contrato* se tornou, entre suas obras, aquela da qual se ocupou "com mais gosto", aquela na qual desejaria "trabalhar durante toda a vida", aquela, enfim, que deveria "selar" sua reputação, como ele afirma nas *Confissões*.[28] Nessa extraordinária construção que é o *Contrato*, Rousseau nos deixa, finalmente, menos uma resposta unívoca, do ponto de vista prático, do

---

27 O autor escreve essa frase em 1970 [N.E.].
28 O.C. I, *Les Confessions*, IX, p. 404.

que um problema bem formulado: "Investigar se na ordem civil pode haver alguma regra de administração, legítima e segura, tomando os homens tais como são e as leis civis tais como podem ser", de tal forma que se possa sempre aliar "o que o direito permite com o que o interesse prescreve, para que a justiça e a utilidade não se encontrem divididas"[29].

---

29 O.C. III, *Du contrat social*, I, p. 351.

Referências bibliográficas

ALTHUSSER, Louis. "Sur le Contrat Social", *Cahiers pour l'Analyse*, Paris, n. 8, 1967.

BURGELIN, Pierre. *La Philosophie de l'existence de J.-J. Rousseau*. Paris: Presses Universitaires de France, 1952.

CASSIRER, Ernst. *El mito del Estado*. México: Fonde de Cultura Económica, 1968.

_____. *Filosofía de la Ilustración*. México: Fondo de Cultura Económica, 1950.

_____. *Rousseau, Kant, Goethe*. Princeton: Princeton University Press, 1947.

COTTA, Sergio. "Théorie religieuse et théorie politique chez Rousseau". In: *Rousseau et la philosophie politique*. Paris: Presses Universitaires de France, 1965.

DERATHÉ, Robert. *Le Rationalisme de J.-J. Rousseau*. Paris: Presses Universitaires de France, 1948.

_____. *Jean-Jacques Rousseau et la science politique de son temps*. Paris: Presses Universitaires de France, 1950.

DERRIDA, Jacques. *De la Grammatologie*. Paris: Minuit, 1967.

DURKHEIM, Émile. *Montesquieu et Rousseau: précurseurs de la sociologie*. Paris: Marcel Rivière, 1953.

EBESTEIN, William. *Great Political Thinkers: Plato to the Present*. New York: Holt, Rinehart & Winston, 1969.

GUÉROULT, Martial. "Nature humaine et état de nature chez Rousseau, Kant et Fichte". *Cahiers pour l'analyse*, Paris, n. 6, 1967.

HUME, David. *Ensaios filosóficos*. São Paulo: Ibrasa, 1963.

KANT, Immanuel. *La Philosophie de l'histoire*. Paris: Gonthier, 1967.

LENSKI, Gerhard. *Poder y privilegio*. Buenos Aires: Paidos, 1969.

LÉVI-STRAUSS, Claude. *Tristes tropiques*. Paris: Plon, 1955.

_____. "Jean-Jacques Rousseau, fondateur des sciences de l'homme". In: *Jean-Jacques Rousseau*. Neuchâtel: Baconnière, 1962.

LOCKE, John. *Carta sobre a tolerância*. São Paulo: Ibrasa, 1964.

MABBOTT, John David. *O Estado e o Cidadão*. Rio de Janeiro: Zahar, 1968.

ROUSSEAU, Jean-Jacques. *Œuvres complètes*. Paris: Gallimard, 1959-1995 (Bibliothèque de la Pléiade), 5 v.

_____. *Émile*. Paris: Garnier-Flammarion, 1966.

_____. *Essai sur l'origine des langues* (reprodução off-set da edição de A. Belin, Paris, 1817). Suplemento de *Cahiers pour l'analyse*, Paris, n. 4, 1966.

_____. *Du contrat social*. Éd. Maurice Halbwachs. Paris: Aubier Montaigne, 1967.

_____. *Lettre à d'Alembert*. Paris: Garnier-Flammarion, 1967.

SCHINZ, Albert. *La Pensée de J.-J. Rousseau*. Paris: Félix Alcan, 1929.

STAROBINSKI, Jean. *Jean-Jacques Rousseau, la transparence et l'obstacle*. Paris: Plon, 1957.

WEBER, Max. *Economía y Sociedad*. México: Fondo de Cultura Económica, 1969.

Obras coletivas

BALDENSPERGER, Félix et al. *J.-J. Rousseau*. Paris: Félix Alcan, 1912.
BOVY, Samuel et al. *Jean-Jacques Rousseau*. Neuchâtel: Baconnière, 1962.
RIVELAYGUE, Jacques (Éd.). *Rousseau*. Paris: Marcel Didier, 1970.
Rousseau et la philosophie politique. Paris: Presses Universitaires de France, 1965.

Fontes Sabon e Univers
Papel
Impressão